DR. OETKER

Großmutters Festtagsrezepte

DR. OETKER

Großmutters Festtagsrezepte

CERES

Vorwort

An Fest- und Feiertagen versammelte sich die ganze Familie um den Tisch, die Tafel wurde besonders festlich gedeckt und Großmutter tischte groß auf. In diesem Buch findet man sie wieder, die köstlichen Suppen, die üppigen Braten und leckeren Süßspeisen - aber auch die sahnigen Torten, die es nur zu besonderen Anlässen gab. Wenn auch die Zubereitung dieser Köstlichkeiten etwas aufwendiger ist, entschädigt doch das Ergebnis für alle Mühen und läßt uns in Erinnerungen schwelgen. Die über 140 Rezepte sind, wenn nicht anders angegeben, für 4 Portionen ausgelegt. Es finden sich aber auch viele Rezepte, durch die mehr als 4 Personen in den Genuß von Großmutters festlichen Gerichten kommen.

Inhaltsübersicht

Suppen, Saucen

(6 Portionen)

Zutaten

500 g	Knochen
500 g	Kopffleisch vom Kalb
500 ml (½ l)	Wasser
500 ml (½ l)	Essig
1	Zwiebel
60 g	durchwachsener Speck
2 l	heißes Wasser
1	Lorbeerblatt
5	Wacholderbeeren
5	Pimentkörner
5	Pfefferkörner
	Salz
1 Bund	Suppengrün
125 ml (⅛ l)	Madeira
50 g	Butter oder Margarine
60 g	Weizenmehl
	gerebelter Majoran, Thymian, Basilikum, Salbei
	Paprika rosenscharf
200 g	gedünstete Champignons
125 ml (⅛ l)	Rotwein
	Cayennepfeffer

Mockturtlesuppe (Foto Seite 8/9)

Knochen und Kopffleisch unter fließendem kaltem Wasser abspülen. Wasser mit Essig mischen, zum Kochen bringen, über Fleisch und Knochen gießen und abtropfen lassen. Zwiebel abziehen und fein würfeln. Speck in feine Würfel schneiden, auslassen, die Zwiebelwürfel darin andünsten, Fleisch und Knochen hinzufügen, etwa 5 Minuten von allen Seiten darin anbraten. Wasser, Lorbeerblatt, Wacholderbeeren, Pimentkörner, Pfefferkörner und Salz hinzufügen, zum Kochen bringen und etwa 2 Stunden kochen lassen.
Suppengrün putzen, waschen, kleinschneiden, etwa 30 Minuten vor Beendigung der Kochzeit in die Suppe geben und gar kochen. Fleisch und Knochen aus der Brühe nehmen, das Fleisch in etwa ½ cm große Würfel schneiden, in eine Schüssel geben, mit Madeira übergießen und zugedeckt stehen lassen. Brühe und Suppengrün durch ein Sieb streichen, 1¼ l davon abmessen. Butter oder Margarine zerlassen, Mehl unter Rühren so lange darin erhitzen, bis es goldbraun ist. Brühe unter Rühren hinzugießen, mit Majoran, Thymian, Basilikum, Salbei und Paprika würzen, zum Kochen bringen und etwa 10 Minuten kochen lassen. Champignons vierteln, mit Fleisch und Rotwein in die Suppe geben, mit Salz und Cayennepfeffer abschmecken und sofort servieren.

Hühnersuppe Königin

(Foto)

(6 Portionen)

Zutaten

1	küchenfertiges Suppenhuhn (1 kg)
1½ l	kochendes Salzwasser
1 Bund	Suppengrün
1	mittelgroße Zwiebel
	Salz
200 g	gekochte Spargelstücke
150 g	gedünstete Erbsen
2 EL	gehackte Petersilie

Das Suppenhuhn unter fließendem kaltem Wasser abspülen, mit Herz, aufgeschnittenem und gesäubertem Magen und Hals in das Salzwasser geben, fast zum Kochen bringen und abschäumen. Suppengrün putzen, waschen, kleinschneiden und in die Brühe geben. Zwiebel abziehen, in die Brühe geben und das Huhn in etwa 1½ Stunden gar ziehen lassen. Brühe durch ein Sieb gießen, mit Salz abschmecken. Das Fleisch von den Knochen lösen, die Haut entfernen und das Fleisch in kleine Stücke schneiden. Fleisch, Spargelstücke und Erbsen in die Brühe geben, erhitzen und mit Petersilie bestreut servieren.

Abwandlung

Zusätzlich noch 125 g gekochten Langkornreis (parboiled) zugeben.

Tip

Die Hühnersuppe mit Eierstich (siehe Seite 12) servieren.

Rindfleischbrühe mit Einlagen

Zutaten

1½ l Wasser
250 g Beinscheibe (vom Rind)
2–3 Rindermarkknochen
1 Bund Suppengrün
Salz
Suppenwürze

Wasser zum Kochen bringen. Beinscheibe und Markknochen unter fließendem kaltem Wasser abspülen, in das kochende Wasser geben, zum Kochen bringen und abschäumen. Suppengrün putzen, waschen, zerkleinern, in die Brühe geben und das Fleisch in 2–2½ Stunden gar ziehen lassen. Die Brühe durch ein Sieb gießen, mit Salz und Suppenwürze abschmecken und nach Belieben mit unterschiedlichen Einlagen servieren.

Für die Schöberln (Foto)

2 Eiweiß
Salz
1 Prise Zucker
2 Eigelb
4 gestr. EL Weizenmehl
2 gestr. EL geriebener Parmesan
2 EL feingeschnittener Schnittlauch

Für die Schöberln Eiweiß mit Salz und Zucker steif schlagen. Eigelb, Mehl, Parmesan und Schnittlauch unterziehen. Die Masse auf ein gefettetes, mit Mehl bestäubtes Backblech in der Größe von 20 x 20 cm streichen. Das Backblech in den Backofen schieben.

Ober-/Unterhitze	180–200 °C (vorgeheizt)
Heißluft	160–180 °C (nicht vorgeheizt)
Gas	Stufe 3–4 (vorgeheizt)
Backzeit	8–10 Minuten

Die gestockte Masse etwas abkühlen lassen, in kleine Rauten schneiden und in die Brühe geben.

Für den Eierstich

2 Eier
125 ml (⅛ l) kalte Milch
Salz
geriebene Muskatnuß

Für den Eierstich Eier mit Milch, Salz und Muskatnuß verschlagen, in ein gefettetes Gefäß füllen, mit Alufolie verschließen, in kochendes Wasser stellen. Das Wasser wieder zum Kochen bringen, den Topf mit einem Deckel verschließen (das Wasser nicht mehr kochen lassen) und die Masse etwa 30 Minuten stocken lassen. Wenn die Masse fest geworden ist, sie stürzen, in Würfel schneiden und in die Brühe geben.

Für die Backerbsen aus Eiern, Mehl, Öl, Salz, Pfeffer und Muskatnuß einen halbfesten Teig zubereiten, etwa 10 Minuten abgedeckt kühl stellen. Danach den Teig durch eine Reibe in heißes Fett tropfen lassen und goldgelb ausbacken. Mit einer Kelle herausnehmen, auf Küchenpapier gut abtropfen lassen und in die Brühe geben.

Für die Backerbsen

2	Eier
100 g	Weizenmehl
1 EL	Speiseöl
	Salz
	frisch gemahlener Pfeffer
	geriebene Muskatnuß
500 ml (½ l)	Speiseöl zum Ausbacken

Für die Markklößchen das Knochenmark ganz fein würfeln, mit Butter zerlassen, durch ein Sieb streichen und erkalten lassen. Das Mark mit dem Ei schaumig rühren, Semmelbrösel und Muskatnuß unterziehen. Aus der Masse kleine Klößchen formen und in die Brühe geben.

Für die Markklößchen

30 g	Rindermark (aus den Markknochen)
20 g	Butter
1	kleines Ei
70 g	Semmelbrösel
	geriebene Muskatnuß

Für die Flädle (Foto)

125 g	Weizenmehl
	Salz
2	Eier
250 ml (¼ l)	kalte Milch
	feingeschnittener Schnittlauch

Für die Flädle Mehl in eine Schüssel sieben, in die Mitte eine Vertiefung eindrücken, Salz und Eier hineingeben, von der Mitte aus Eier und Mehl verrühren, nach und nach die Milch hinzufügen, darauf achten, daß keine Klümpchen entstehen. Aus dem Teig möglichst dünne Eierkuchen backen, übereinanderlegen, aufrollen und in sehr schmale Streifen schneiden. Erst kurz vor dem Servieren in die heiße Brühe geben, kurz erhitzen. Die Suppe mit Schnittlauch bestreut servieren.

Abwandlung Feingehackte, glatte Petersilie oder feingehackten Kerbel unter den Eierkuchenteig rühren.

Tip Für eine Hochzeitssuppe werden mehrere verschiedene Einlagen in die Rinderbrühe oder in eine Hühnersuppe gegeben. Die Art und Zusammenstellung der Einlagen ist regional unterschiedlich.

Zutaten

40 g	Butter
20 g	Weizenmehl
500 ml (½ l)	Gemüse- oder Fleischbrühe
250 g	Crème fraîche
2	Eigelb
2 EL	gehackte Petersilie
2 EL	gehackter Kerbel
2 EL	Schnittlauchröllchen
	Salz
	frisch gemahlener Pfeffer

Feine Kräutersuppe

Butter zerlassen, Mehl unter Rühren so lange darin erhitzen, bis es hellgelb ist. Brühe hinzufügen, mit einem Schneebesen durchschlagen, dabei darauf achten, daß keine Klümpchen entstehen. Die Suppe zum Kochen bringen und etwa 5 Minuten kochen lassen. Crème fraîche und Eigelb verrühren, in die Suppe geben, erhitzen (nicht mehr kochen lassen). Kräuter unterrühren, mit Salz und Pfeffer abschmecken.

Abwandlung

Geröstete Brotwürfel oder Backerbsen in die Suppe geben. Oder die Suppe mit Fischbrühe und Dill zubereiten.

Tip

Wenn die Suppe als Vorspeise gereicht wird, darauf achten, daß andere Kräuter verwendet werden als beim Hauptgang.

Schnelle Lauchsuppe

Zutaten

1	Zwiebel
4 EL	Speiseöl
2 Stangen	Lauch (Porree)
250 g	Kartoffeln
500 ml (½ l)	Gemüsebrühe
	Salz
	frisch gemahlener Pfeffer
	gerebelter Thymian
	geriebene Muskatnuß
1 Becher (150 g)	Crème fraîche
2	Eigelb

Zwiebel abziehen und fein würfeln. Öl in einem Topf erhitzen und die Zwiebelwürfel darin andünsten. Lauch putzen, halbieren, gut waschen, in dünne Streifen schneiden, zu den Zwiebeln geben und kurz mitdünsten. Kartoffeln waschen, schälen, abspülen, grob würfeln, zum Gemüse geben und mitdünsten. Mit Brühe auffüllen und zum Kochen bringen. Mit Salz, Pfeffer, Thymian und Muskatnuß würzen und bei mäßiger Hitze 20–25 Minuten köcheln lassen. Die Lauchsuppe mit dem Pürierstab oder im Mixer pürieren und durch ein Sieb passieren. Crème fraîche und Eigelb verrühren und die Suppe damit abziehen (nicht mehr kochen lassen). Die Suppe nochmals mit den Gewürzen kräftig abschmecken.

Kürbissuppe

(Foto)

Zutaten (8 Portionen)

2½ kg	Kürbis
2 Stangen	Porree (Lauch)
3	Zwiebeln
60 g	Butterschmalz
	Salz
	frisch gemahlener Pfeffer
3 TL	Currypulver
2 TL	Kurkuma
1 l	Hühnerbrühe
250 ml (¼ l)	Weißwein
250 ml (¼ l)	Schlagsahne
200 g	Crème fraîche

Für die Käse-Grieß-Klößchen

375 ml (⅜ l)	Milch
30 g	Butterschmalz
1 gestr. TL	Salz
150 g	Weizengrieß
120 g	geriebener Bergkäse
2	Eigelb
1	Ei
1 TL	gehacktes Basilikum
	Salzwasser

Kürbis schälen, Kerngehäuse entfernen, Fruchtfleisch in Würfel schneiden. Porree putzen, waschen und in Ringe schneiden. Zwiebeln schälen, fein würfeln und in dem zerlassenen Butterschmalz andünsten. 300 g der Kürbiswürfel zurücklassen, die restlichen Würfel mit Salz, Pfeffer, Curry und Kurkuma zu den Zwiebeln geben, mit andünsten. Brühe und Wein hinzufügen und zugedeckt 15–20 Minuten garen.
Die gare Suppe pürieren und durch ein Sieb streichen.
Die restlichen Kürbiswürfel, Porree und Sahne in die Suppe geben und zugedeckt etwa 10 Minuten garen. Crème fraîche hinzufügen und die Suppe mit den Gewürzen kräftig abschmecken.
Für die Käse-Grieß-Klößchen Milch mit Butterschmalz und Salz aufkochen. Den Topf von der Kochstelle nehmen, Grieß unter ständigem Rühren einrieseln lassen und alles unter Rühren etwa 1 Minute erhitzen. Käse, Eigelb, Ei und Basilikum unterrühren und die Masse etwas abkühlen lassen. Anschließend daraus Klößchen formen und in siedendem, leicht gesalzenem Wasser in etwa 5 Minuten gar ziehen lassen, bis die Klößchen an die Oberfläche steigen. Sie mit einer Schaumkelle herausnehmen, in die Suppe geben und servieren.

Tip Kurkuma (Gelbwurz) gibt eine intensiv gelbe Färbung und ist ein wichtiger Bestandteil von Currypulver.

Tomatensuppe mit Porree und Reis

(6 Portionen)

Zutaten

125 g	Langkornreis
1 l	kochendes Salzwasser
2	mittelgroße Zwiebeln
100 g	durchwachsener Speck
1½ kg	Tomaten
2 Stangen	Porree (Lauch, etwa 375 g)
50 g	Butter oder Margarine
2 EL	Tomatenmark
1½ l	heiße Gemüsebrühe
	Salz
	frisch gemahlener Pfeffer
2 EL	Portwein

Reis in kochendes Salzwasser geben, zum Kochen bringen und etwa 20 Minuten kochen lassen. Reis auf ein Sieb geben, mit kaltem Wasser übergießen und abtropfen lassen. Zwiebeln abziehen und würfeln. Speck in Würfel schneiden. Tomaten kurze Zeit in kochendes Wasser legen (nicht kochen lassen), in kaltem Wasser abschrecken, enthäuten, die Stengelansätze herausschneiden, die Tomaten in Stücke schneiden. Porree putzen, längs halbieren, waschen und in feine Streifen schneiden. Butter oder Margarine zerlassen, Speck- und Zwiebelwürfel darin glasig dünsten. Tomatenstücke und Tomatenmark hinzufügen und darin dünsten lassen. Brühe hinzugießen, zum Kochen bringen und etwa 15 Minuten kochen lassen. Die Suppe durch ein Sieb geben. Porreestreifen hinzugeben und etwa 10 Minuten garen. Mit Salz und Pfeffer abschmecken, Portwein unterrühren. Den Reis in die Suppe geben und miterhitzen.

Spinat-Quark-Suppe

Zutaten

500 g	Blattspinat
1	Zwiebel
1	Knoblauchzehe
2 EL	Butter
500 ml (½ l)	Hühnerbrühe
	Salz
	frisch gemahlener Pfeffer
	gemahlene Muskatnuß
200 g	Frühlingsquark
4 TL	Crème fraîche
4 TL	Lachskaviar
	einige Blättchen glatte Petersilie

Spinat verlesen, die groben Stengel entfernen, Spinat waschen und gut abtropfen lassen. Zwiebel und Knoblauch abziehen und fein würfeln. Butter zerlassen, Zwiebel- und Knoblauchwürfel darin andünsten, Spinat hinzufügen und in etwa 5 Minuten zusammenfallen lassen. Brühe hinzufügen und 2–3 Minuten kochen lassen. Mit dem Pürierstab pürieren und mit Salz, Pfeffer und Muskatnuß würzen. Die Suppe von der Kochstelle nehmen und Frühlingsquark unterrühren. Suppe in 4 Suppentassen oder -teller füllen, Crème fraîche und Lachskaviar darauf verteilen und mit Petersilie garnieren.

Tip Toast oder Weißbrot zu der Suppe reichen.

Erbsensuppe mit Grießklößchen

Zutaten

375 g	junge, ausgepalte Erbsen (1 ¼ kg mit Schoten)
2	mittelgroße Zwiebeln
20 g	Butter oder Margarine
750 ml (¾ l)	Fleisch- oder Gemüsebrühe
	Salz
	frisch gemahlener Pfeffer
10 g	Butter oder Margarine
1 EL	gehackte Petersilie

Für die Grießklößchen

125 ml (⅛ l)	Milch
10 g	Butter
	Salz
	geriebene Muskatnuß
50 g	Weizengrieß
1	Ei

Erbsen waschen und abtropfen lassen. Zwiebeln abziehen und fein würfeln. Butter oder Margarine zerlassen, die Zwiebelwürfel darin glasig dünsten lassen, die Erbsen hinzufügen, kurz andünsten, Brühe hinzugießen, mit Salz und Pfeffer würzen, zum Kochen bringen und etwa 15 Minuten kochen lassen.

Für die Grießklößchen Milch mit Butter, Salz und Muskatnuß zum Kochen bringen, von der Kochstelle nehmen, Weizengrieß unter Rühren hineinstreuen, zu einem glatten Kloß rühren und noch etwa 1 Minute erhitzen. Den heißen Kloß in eine Schüssel geben, Ei unterrühren. Aus der Masse mit zwei Teelöffeln Klößchen formen, in die kochende Suppe geben und in etwa 5 Minuten gar ziehen lassen (Flüssigkeit muß sich leicht bewegen).

Butter oder Margarine unterrühren, die Suppe mit Salz abschmecken und mit Petersilie bestreuen.

Zwiebelsuppe

(6 Portionen)

Zutaten

500 g	Zwiebeln
75 g	Butter oder Margarine
750 ml (3/4 l)	Fleisch- oder Gemüsebrühe
125 ml (1/8 l)	Weißwein
	Salz
	frisch gemahlener Pfeffer

Zwiebeln abziehen, halbieren und in Scheiben schneiden. Butter oder Margarine zerlassen, die Zwiebelscheiben darin andünsten, Brühe und Wein hinzugießen und in etwa 20 Minuten gar kochen lassen. Suppe mit Salz und Pfeffer abschmecken.

Abwandlung

Die Suppe in feuerfeste Tassen füllen, je 1 Scheibe getoastetes Toastbrot pro Suppentasse oder in Butter gebräunte Weißbrotwürfel darauf geben, mit geriebenem Käse bestreuen und überbacken.

Feine Fischsuppe

(Foto)

(8 Portionen)

Zutaten

2 Bund	Suppengrün
1	Karpfen (etwa 1½ kg)
1	Lorbeerblatt
	Salz
	frisch gemahlener Pfeffer
2	Zwiebeln
4	Pimentkörner
2 l	Salzwasser
50 g	Butterschmalz
30 g	Weizenmehl
200 ml	Schlagsahne
2	Eigelb
1 Bund	glatte Petersilie, gehackt

Für die Fischklößchen

400 g	Karpfenfilet
200 ml	Schlagsahne
3	Eigelb
	Salz
	frisch gemahlener Pfeffer
	etwas abgeriebene Zitronenschale (unbehandelt)
1 Msp.	gerebelter Thymian
2	Eiweiß
	Salzwasser

Suppengrün putzen, waschen und schälen. Ein Bund würfeln, das zweite in feine Streifen schneiden und beiseite stellen. Den Karpfen gründlich säubern, evtl. schuppen, filetieren und 400 g für die Fischklößchen zurücklegen. Kopf, Schwanz, Gräten, Zwiebeln, gewürfeltes Suppengrün und Gewürze in dem Salzwasser zum Kochen bringen und etwa 25 Minuten ziehen lassen. Fischfond durch ein Sieb geben.
Für die Fischklößchen das Karpfenfilet mit Sahne und Eigelb in einer Küchenmaschine pürieren. Mit Salz, Pfeffer, Zitronenschale und Thymian abschmecken. Eiweiß steif schlagen und unterheben. Aus der Masse mit 2 Teelöffeln kleine Klößchen abstechen und in heißem Salzwasser in etwa 8 Minuten gar ziehen lassen, bis sie an der Oberfläche schwimmen.
Butterschmalz in einem Topf zerlassen, Mehl einrühren und unter ständigem Rühren leicht anschwitzen. Mit 1½ l Fischbrühe auffüllen. Das in Streifen geschnittene Suppengrün zugeben, zum Kochen bringen und etwa 5 Minuten köcheln lassen. Sahne mit Eigelb verrühren, in die Suppe geben und erhitzen (nicht mehr kochen lassen). Mit Salz und Pfeffer abschmecken. Die Klößchen in die Suppe geben, mit gehackter Petersilie bestreuen und sofort servieren.

Bouillabaisse

(Foto)

(10 Portionen)

Zutaten

1,5 kg	küchenfertiger Fisch (Kabeljau, Goldbarsch, Seeaal, Scholle, Seezunge)
2	mittelgroße Zwiebeln
3–4 EL	Olivenöl
2 Stangen	Porree (Lauch)
1	kleine Fenchelknolle
2	Tomaten
3	Knoblauchzehen
2½ l	Fischbrühe
2	Lorbeerblätter
5	Pfefferkörner
4	Gewürznelken
3 Msp.	Safran
	frisch gemahlener, weißer Pfeffer
400 g	gekochtes Muschelfleisch
400 g	gepulte Krabben
5 Scheiben	Weißbrot
40 g	Knoblauchbutter

Fisch unter fließendem kaltem Wasser abspülen, trockentupfen, enthäuten, entgräten und in Stücke schneiden. Zwiebeln abziehen und in Scheiben schneiden. Öl erhitzen, die Zwiebelscheiben darin andünsten. Porree putzen, waschen und in Scheiben schneiden. Fenchel putzen, waschen und kleinschneiden. Tomaten kurze Zeit in kochendes Wasser legen (nicht kochen lassen), in kaltem Wasser abschrecken, enthäuten, Stengelansätze herausschneiden, Tomaten in Viertel schneiden. Knoblauch abziehen und zerdrücken. Die vier Zutaten zu den Zwiebelscheiben geben, mitdünsten lassen. Brühe hinzugießen. Lorbeerblätter, Pfefferkörner und Nelken hinzufügen, mit Safran und Pfeffer würzen, zum Kochen bringen, etwa 15 Minuten kochen lassen. Die Fischfiletstücke in die Suppe geben, etwa 15 Minuten darin ziehen lassen. Muschelfleisch und Krabben kurz vor Beendigung der Garzeit in die Fischsuppe geben und miterhitzen. Weißbrot halbieren, mit Knoblauchbutter bestreichen, je ½ Brotscheibe in jeden Suppenteller legen und die Bouillabaisse darauf verteilen.

Hummersuppe mit Krabben

Zutaten

1	tiefgekühlter Hummer (600 g)
4 EL	Speiseöl
1	Zwiebel
1	Knoblauchzehe
3	Tomaten
1 EL	Tomatenmark
5 EL	Weinbrand
125 ml ($^1/_8$ l)	Weißwein
125 ml ($^1/_8$ l)	Wasser
400 ml	Fischfond oder -brühe
125 ml ($^1/_8$ l)	Schlagsahne
	Salz
	frisch gemahlener Pfeffer
1 Prise	Zucker
100 g	gepulte Krabben

Hummer auftauen lassen. Fleisch aus den Scheren und Schalen brechen. Den Darm aus dem Fleisch herausnehmen, Fleisch beiseite stellen. Hummerschalen etwas zerkleinern. Öl erhitzen, die Hummerschalen darin unter Rühren anbraten. Zwiebel und Knoblauch abziehen, kleinschneiden, zu den Hummerschalen geben. Tomaten waschen, in Stücke schneiden, mit Tomatenmark zu den Hummerschalen geben und mit andünsten. Mit Weinbrand flambieren, mit Wein, Wasser und der Hälfte des Fischfonds ablöschen und etwa 30 Minuten langsam kochen lassen. Durch ein Sieb geben und gut abtropfen lassen. Restlichen Fond und Sahne hinzufügen, mit Salz, Pfeffer und Zucker würzen. Das Hummerfleisch in kleine Stücke schneiden, mit den Krabben in die Suppe geben und erhitzen.

Tip Wenn es mal schneller gehen muß, läßt sich Hummersuppe auch mit Hummersuppenpaste zubereiten.

Cumberlandsauce

Zutaten

(Foto)

1	Orange (unbehandelt)
1	Zitrone (unbehandelt)
1	Schalotte oder kleine Zwiebel
3 EL	Rotwein
250 g	rotes Johannisbeergelee
1–2 TL	Senf
1 EL	Portwein
1 EL	Orangensaft
	gemahlener Ingwer
	Salz
	Cayennepfeffer

Orange und Zitrone heiß waschen, abtrocknen und hauchdünn schälen. Schale in sehr feine Streifen schneiden. Schalotte oder Zwiebel abziehen, würfeln und mit der Orangen- und Zitronenschale in Rotwein zum Kochen bringen. Alles kochen lassen, bis der Rotwein verkocht ist und erkalten lassen.
Die Masse mit dem Johannisbeergelee verrühren. Senf mit Portwein und Orangensaft verrühren, in die Sauce geben, mit Ingwer, Salz und Cayennepfeffer abschmecken.

Tip Zu Wildterrinen, z.B. Hasenterrine oder kaltem Wildbraten reichen.

Sauce Hollandaise

(Abgeschlagene Sauce)

Zutaten

200 g	Butter
2	Eigelb
2 EL	Weißwein
	etwas Zitronensaft
	Salz
	frisch gemahlener Pfeffer

Butter zerlassen und etwas abkühlen lassen. Eigelb mit Weißwein in einer Schüssel im Wasserbad (Wasser darf nicht kochen!) so lange schlagen, bis die Masse dicklich ist. Die etwas abgekühlte Butter langsam unter die Eigelbmasse schlagen. Sauce mit Zitronensaft, Salz und Pfeffer würzen.

Tip Sauce Hollandaise paßt besonders zu Spargel, Blumenkohl oder anderem hellen Gemüse. Sie schmeckt auch sehr gut zu kurzgebratenem Fleisch und hellen Braten.

Tomatensauce

Zutaten

1	Zwiebel
1	Knoblauchzehe
50 g	magerer Speck
2 EL	Speiseöl
1 kg	Tomaten
	Salz
	frisch gemahlener Pfeffer
	gerebelter Oregano

Zwiebel und Knoblauch abziehen und fein würfeln. Speck würfeln. Öl erhitzen, die Speckwürfel darin auslassen, herausnehmen, Zwiebel- und Knoblauchwürfel in dem Fett glasig dünsten lassen. Tomaten kurze Zeit in kochendes Wasser legen (nicht kochen lassen), in kaltem Wasser abschrecken, enthäuten und die Stengelansätze herausschneiden. Tomaten in Würfel schneiden, zu dem Zwiebelgemisch geben und in etwa 15 Minuten gar dünsten lassen. Nach Belieben pürieren. Sauce mit Salz, Pfeffer und Oregano abschmecken.

Tip

Tomatensauce zu Fisch reichen.

Remouladensauce

(Foto)

Zutaten

2	hartgekochte Eier
1	rohes Eigelb
	Salz
125 ml (⅛ l)	Speiseöl
2 EL	Essig oder Zitronensaft
1 schwach geh. TL	Senf
1 EL	Kapern
1	mittelgroße Gewürzgurke
2 EL	gehackte Kräuter (z. B. Petersilie, Schnittlauch, Dill, Kerbel, Kresse)
	frisch gemahlener Pfeffer
1 Prise	Zucker

Die hartgekochten Eier pellen, das Eigelb durch ein Sieb streichen, mit dem rohen Eigelb und Salz verrühren, dann tropfenweise die Hälfte des Öls mit einem Schneebesen oder Handrührgerät mit Rührbesen unterrühren. Ist die Masse steif genug, Essig oder Zitronensaft und Senf hinzufügen. Dann erst den Rest des Öls unterschlagen. Kapern fein wiegen oder hacken. Gewürzgurke fein würfeln. Kapern, Gurke und Kräuter zu der Sauce geben, mit Pfeffer und Zucker abschmecken.

Abwandlung Das hartgekochte Eiweiß in kleine Würfel schneiden und mit in die Sauce geben.

Tip Die Remouladensauce zu kaltem Braten oder zu gebratenem Rotbarschfilet reichen.

Mayonnaise

Zutaten

1	Eigelb
1 EL	Essig oder Zitronensaft
	Salz
1 gestr. TL	Zucker
125 ml (⅛ l)	Speiseöl

Eigelb mit Essig oder Zitronensaft, Salz und Zucker in einer Rührschüssel mit einem Schneebesen oder mit Handrührgerät mit Rührbesen zu einer dicklichen Masse schlagen. Öl in Mengen von 1–2 Eßlöffeln darunterschlagen.

Tips Mayonnaise nach Belieben mit Senf abschmecken. Sollte die Mayonnaise geronnen sein, nochmals 1 Eigelb verrühren, die geronnene Mayonnaise nach und nach unterrühren.

Salate, Gemüse, Kartoffeln

Feldsalat mit Speck und Croûtons

(Foto Seite 28/29)

Zutaten

250 g	Feldsalat
50 g	durchwachsener Räucherspeck
2 Scheiben	Toastbrot
2 TL	Butter
1	Knoblauchzehe

Für die Salatsauce

3 EL	Walnußöl
2 EL	Rotweinessig
2 EL	Wasser
	Salz
	frisch gemahlener, schwarzer Pfeffer

Von dem Feldsalat die Wurzelenden abschneiden. Salat verlesen, mehrmals gründlich waschen und trockenschleudern. Speck in kleine Würfel schneiden und in einer Pfanne auslassen. Speckwürfel aus dem Fett nehmen, auf Küchenpapier abtropfen lassen. Das Speckfett in der Pfanne lassen. Toastbrot in kleine Würfel schneiden. Butter zu dem Speckfett in die Pfanne geben, erhitzen, die Brotwürfel darin von allen Seiten knusprig braun braten. Knoblauch abziehen, fein würfeln, unter die Brotwürfel mischen, noch kurz mitrösten, aber nicht braun werden lassen.
Für die Salatsauce Öl mit Essig und Wasser verrühren, mit Salz und Pfeffer würzen. Feldsalat und Speckwürfel mit der Sauce vermengen und mit den Croûtons bestreuen.

Kopfsalat

Zutaten

2	mittelgroße Köpfe Salat (300 g)

Für die Sahnesauce

150 g	Joghurt
½ Becher (75 g)	Crème fraîche
1 EL	Himbeeressig
	Salz
	frisch gemahlener Pfeffer
1 Prise	Zucker
1	mittelgroße Zwiebel
1 EL	gehackte Kräuter (z.B. Petersilie, Dill, Zitronenmelisse, Pimpinelle, Schnittlauch)

Von dem Salat die welken Blätter entfernen, die anderen vorsichtig vom Strunk lösen, die großen Blätter teilen, die Herzblätter ganz lassen. Salat in reichlich Wasser gründlich waschen, aber nicht drücken, gut abtropfen lassen oder trockenschleudern.
Für die Sahnesauce Joghurt mit Crème fraîche und Essig verrühren, mit Salz, Pfeffer und Zucker würzen. Zwiebel abziehen, fein würfeln und mit den Kräutern unterrühren. Den Salat erst kurz vor dem Anrichten mit der Sauce vermengen.

Abwandlung

200 g Putenleber abspülen, trockentupfen, in Streifen schneiden, in 1 Eßlöffel erhitztem Speiseöl kurz braten, mit Salz bestreuen und mit dem Salat anrichten.

Tip

Statt Kopfsalat können beliebige Salate, z.B. Eisbergsalat, Feldsalat, Radicchio, Römischer Salat und Eichblattsalat gemischt werden.

Feiner Heringssalat

(Foto)

Zutaten

4	Matjesfilets
250 g	Pellkartoffeln
2	hartgekochte Eier
200 g	Jagdwurst
1	Apfel
1	Gewürzgurke

Für die Mayonnaise

1	Eigelb
1–2 TL	Senf
	Salz
	frisch gemahlener Pfeffer
1 TL	Zucker
1 EL	Essig
125 ml (1/8 l)	Speiseöl
3 EL	Joghurt

Matjesfilets evtl. 1 Stunde wässern und trockentupfen. Pellkartoffeln und Eier pellen. Jagdwurst enthäuten. Apfel schälen, vierteln und entkernen. Alle vorbereiteten Zutaten und die Gewürzgurke in Würfel schneiden. Für die Mayonnaise Eigelb mit Senf, Salz, Pfeffer, Zucker und Essig in einer Rührschüssel mit einem Schneebesen oder mit Handrührgerät mit Rührbesen zu einer dicklichen Masse schlagen. Nach und nach eßlöffelweise Öl unterschlagen, Joghurt unterrühren. Die Mayonnaise mit den Salatzutaten vermengen und gut durchziehen lassen. Den Salat evtl. mit Salz, Pfeffer und Zucker abschmecken.

Zutaten

1 kg	festkochende Kartoffeln
2	Zwiebeln
2	Salzgurken

Für die Salatsauce

4 EL	Speiseöl
4–5 EL	Kräuteressig
	Salz
	frisch gemahlener Pfeffer
1 Prise	Zucker
200 g	durchwachsener Speck
3 EL	Speiseöl

Kartoffelsalat, pommersche Art

Kartoffeln waschen, in so viel Wasser zum Kochen bringen, daß die Kartoffeln bedeckt sind und in 20–25 Minuten gar kochen lassen. Kartoffeln abgießen, abdämpfen und noch heiß pellen. Zwiebeln abziehen. Kartoffeln, Zwiebeln und Salzgurken in dünne Scheiben schneiden.

Für die Salatsauce Öl mit Essig, Salz, Pfeffer und Zucker verrühren. Die Sauce mit den Salatzutaten vermengen und gut durchziehen lassen.

Speck in Würfel schneiden. Öl erhitzen und die Speckwürfel darin ausbraten. Die Speckgrieben über den Kartoffelsalat geben.

Kohlsalat

(Foto)

(6 Portionen)

Zutaten

1 kg	Weißkohl
	kochendes Salzwasser
3–4 EL	Apfelessig
1 TL	Zucker
	Salz
	frisch gemahlener Pfeffer
6–8 EL	Sonnenblumenöl
150 g	saure Sahne
2 EL	geriebener Meerrettich
3	Äpfel
100 g	Kürbiskerne

Weißkohl putzen, die äußeren Blätter und den Strunk entfernen, den Kohl so fein wie möglich hobeln, in Salzwasser 1 Minute blanchieren, abgießen und gut abtropfen lassen. Essig mit Zucker, Salz und Pfeffer verrühren. Öl, saure Sahne und Meerrettich unterrühren. Äpfel waschen, vierteln, entkernen, würfeln und sofort in die Sauce geben, damit sie sich nicht verfärben. Alles mit dem Weißkohl vermengen und auf einigen gewaschenen Weißkohlblättern anrichten. Kürbiskerne ohne Fett in der Pfanne rösten und über den Salat streuen.

Tip

Zu Schweinebraten reichen.

Eiersalat

(Foto)

Zutaten

6	Eier
2	Fleischtomaten
30 g	Kapern
2	Frühlingszwiebeln

Für die Salatsauce

1 EL	Essig
2 TL	körniger Senf
100 ml	Schlagsahne
	Salz
1 Prise	Zucker
	frisch gemahlener Pfeffer
	Basilikumblättchen

Eier hart kochen, pellen und achteln. Tomaten waschen, die Stengelansätze herausschneiden und die Tomaten in Würfel schneiden. Kapern abtropfen lassen. Frühlingszwiebeln putzen, waschen und in feine Ringe schneiden. Eier, Tomatenwürfel, Kapern und Zwiebelringe auf einem Teller anrichten.
Für die Salatsauce Essig, Senf, Sahne, Salz, Zucker und Pfeffer verrühren, über die Salatzutaten geben. Den Salat mit Basilikumblättchen garnieren.

Tip Dazu paßt kräftiges Bauernbrot.

Pikanter Rindfleischsalat

(8 Portionen)

Zutaten

800 g	gekochtes Rindfleisch
2	große Äpfel
4	Gewürzgurken
2	rote Zwiebeln
3 EL	Kapern

Für die Salatsauce

1	Knoblauchzehe
5 EL	Weinessig
3 TL	Senf
4 Spritzer	Worcestersauce
8 EL	Speiseöl
	Salz
	frisch gemahlener Pfeffer
	Kresse

Rindfleisch in Streifen schneiden. Äpfel waschen, vierteln und entkernen. Äpfel und Gewürzgurken in Streifen schneiden. Zwiebeln abziehen, halbieren, längs in feine Streifen schneiden. Die Zutaten mit den Kapern vermischen.
Für die Salatsauce Knoblauch abziehen, durch die Knoblauchpresse drücken, mit Essig, Senf, Worcestersauce und Öl verrühren, mit Salz und Pfeffer würzen und mit den Salatzutaten vermengen. Den Salat gut durchziehen lassen und mit Kresse anrichten.

Eiersalat

Leipziger Allerlei

(Foto)

Zutaten (6 Portionen)

250 g	weißer Spargel
500 g	Erbsen mit Hülsen (ersatzweise 200 g tiefgekühlte Erbsen)
250 g	Blumenkohl
250 g	Kohlrabi
250 g	Möhren
	Salzwasser
75 g	Butter
	Salz
	frisch gemahlener Pfeffer
125 ml (⅛ l)	Gemüsebrühe
1 TL	Weizenmehl
5 EL	Schlagsahne
1 Bund	glatte Petersilie

Spargel waschen, von oben nach unten dünn schälen, darauf achten, daß die Schalen vollständig entfernt, die Köpfe aber nicht verletzt werden. Die unteren Enden abschneiden (holzige Stellen vollkommen wegschneiden). Spargel abspülen, in 4 cm lange Stücke schneiden. Erbsen auspalen oder tiefgekühlte Erbsen auftauen lassen. Von dem Blumenkohl die Blätter und die schlechten Stellen entfernen, den Strunk abschneiden, Blumenkohl waschen und in Röschen teilen. Kohlrabi schälen, waschen und in dünne Scheiben schneiden. Möhren putzen, schälen, waschen und in Scheiben schneiden. Salzwasser in einem großen Topf zum Kochen bringen, Blumenkohl und Spargel hineingeben und 12–15 Minuten kochen lassen. Während der letzten 3 Minuten Kochzeit die Erbsen hinzufügen. Gemüse auf ein Sieb geben und abtropfen lassen. Butter zerlassen, Kohlrabi- und Möhrenscheiben darin andünsten, mit Salz und Pfeffer würzen, Brühe hinzugießen, das Gemüse in 10–15 Minuten gar dünsten lassen. Mehl mit Sahne verrühren, hinzugeben und einmal aufkochen lassen. Petersilie abspülen, trockentupfen, die Blättchen von den Stengeln zupfen, fein hacken, mit Blumenkohl, Spargel und Erbsen unter das gedünstete Gemüse geben.

Abwandlung Das Leipziger Allerlei mit Morcheln zubereiten.

Tip Leipziger Allerlei zur Abwechslung mal unangedickt, d.h. ohne Mehl und Sahne zubereiten.

Blumenkohl, klassisch

Zutaten

2	kleine Köpfe Blumenkohl (je etwa 500 g)
	kochendes Salzwasser
50 g	Butter
4 EL	Semmelbrösel

Die Blätter und schlechten Stellen des Blumenkohls entfernen und den Strunk abschneiden. Blumenkohlköpfe gründlich waschen, in kochendes Salzwasser geben, zum Kochen bringen und in etwa 15 Minuten gar kochen lassen. Blumenkohlköpfe mit einem Schaumlöffel aus der Flüssigkeit nehmen, in eine Schüssel geben und warm stellen.
Butter zerlassen, Semmelbrösel unter Rühren darin leicht bräunen lassen, über den Blumenkohl geben und sofort servieren.

Abwandlung

Den Blumenkohl mit Sauce Hollandaise anstelle der Semmelbrösel servieren.

Tip

Blumenkohl bleibt beim Kochen schön weiß, wenn man einen Schuß Milch in das Kochwasser gibt.

Spargel

Zutaten

1 kg	Spargel
375 ml (3/8 l)	Wasser
1 TL	Salz
1 Prise	Zucker
70 g	Butter

Spargel von oben nach unten schälen, darauf achten, daß die Schalen vollständig entfernt, die Köpfe aber nicht verletzt werden. Die unteren Enden gerade und alle Stangen möglichst gleich lang schneiden (holzige Stellen vollkommen wegschneiden). Spargel waschen. Wasser mit Salz, Zucker und 20 g Butter zum Kochen bringen, den Spargel hineingeben, zum Kochen bringen und in etwa 15 Minuten gar kochen lassen. Den garen Spargel mit einem Schaumlöffel vorsichtig herausnehmen, auf eine vorgewärmte Platte legen. Restliche Butter zerlassen, klären, nach Belieben bräunen und zu dem Spargel reichen.

Abwandlung

Mit Sauce Hollandaise, Petersilienkartoffeln und Schinken kann Spargel auch als Hauptgericht gereicht werden. Man rechnet dann etwa 500 g pro Person.

Tip

Geschälten Spargel roh einfrieren, später unaufgetaut in kochendes Wasser geben und wie im Rezept angegeben zubereiten.

Möhren mit Kerbel

(Foto)

Zutaten

750 g	kleine, junge Möhren
1	Zwiebel
50 g	Butter
	Wasser
	Salz
	frisch gemahlener Pfeffer
2–3 EL	gehackte Kerbelblättchen

Möhren putzen, schälen und waschen. Zwiebel abziehen und würfeln. Butter zerlassen, die Zwiebelwürfel darin glasig dünsten, die Möhren mit etwas Wasser hinzufügen, mit Salz und Pfeffer würzen, zum Kochen bringen und in etwa 10 Minuten gar dünsten lassen. Die Möhren mit Kerbel bestreuen.

Tip

Zu Schweinebraten oder Geflügel reichen.

Kohlrabi

Zutaten

1 kg	Kohlrabi
25 g	Butter
100 ml	Wasser
	Salz
	geriebene Muskatnuß
10 g	Butter
1 EL	gehackte Petersilie

Kohlrabi schälen (nach Belieben die jungen, zarten Blätter beiseite legen), waschen und in Streifen schneiden. Butter zerlassen, die Kohlrabistreifen darin andünsten. Wasser, Salz und Muskatnuß hinzufügen und die Kohlrabistreifen in 10–15 Minuten gar dünsten lassen. Butter hinzufügen, kurz miterhitzen. Mit Salz und Muskatnuß abschmecken, mit Petersilie und nach Belieben mit den gehackten Kohlrabiblättern bestreuen.

Abwandlung

Die Kohlrabistreifen in Wasser weich kochen und in einer Mehlschwitze aus 25 g Butter oder Margarine, 20 g Weizenmehl und 375 ml Gemüsebrühe, abgeschmeckt mit Salz, Pfeffer und Muskatnuß servieren.

Gemischte Gemüseplatte

(Foto)

Die Stiele der Fenchelknollen dicht oberhalb der Knollen abschneiden, braune Stellen und Blätter entfernen (etwas Fenchelgrün beiseite legen), die Wurzelenden gerade schneiden, die Knollen waschen, in kochendes Salzwasser geben, 15–20 Minuten kochen und auf einem Sieb abtropfen lassen. Rosenkohl von den schlechten äußeren Blättchen befreien, etwas vom Strunk abschneiden, die Rosenkohlröschen am Strunk kreuzförmig einschneiden, waschen, abtropfen lassen, in Salzwasser etwa 15 Minuten kochen und abgießen. Möhren putzen, schälen, waschen, in Scheiben schneiden und in 50 g zerlassener Butter andünsten. Brühe hinzufügen, Möhren 10–15 Minuten garen, mit Salz und Pfeffer würzen, Petersilie unterrühren. Kohlrabi schälen, waschen, in Stifte schneiden, in Salzwasser etwa 10 Minuten garen, auf einem Sieb abtropfen lassen. In 50 g zerlassener Butter schwenken, mit Salz, Pfeffer und Muskatnuß würzen. Broccoli oder Blumenkohl putzen, waschen, in Röschen teilen, in Salzwasser etwa 10 Minuten garen und abgießen. Von den Bohnen die Enden abschneiden, Bohnen evtl. abfädeln, waschen, in Salzwasser mit etwas Bohnenkraut etwa 15 Minuten garen, in 50 g zerlassener Butter schwenken, mit Salz und Pfeffer würzen. Champignons putzen, mit Küchenpapier abreiben, evtl. abspülen, in Scheiben schneiden. Öl erhitzen, 30 g Butter hinzufügen, Champignons portionsweise darin abraten, mit Salz und Pfeffer würzen. Die Gemüsesorten auf einer großen Platte anrichten und mit der restlichen Butter beträufeln. Kerbel abspülen, trockentupfen, hacken und über Möhren, Kohlrabi und Champignons streuen. Das zurückgelassene Fenchelgrün hacken und über den Fenchel streuen.

(10 Portionen)

Zutaten

3	Fenchelknollen
	Salzwasser
800 g	Rosenkohl
800 g	Möhren
250 g	Butter
125 ml (1/8 l)	Gemüsebrühe
	Salz
	frisch gemahlener Pfeffer
1 EL	gehackte Petersilie
2	Kohlrabi
	geriebene Muskatnuß
1 kg	Broccoli oder Blumenkohl
600 g	grüne Bohnen
	Bohnenkraut
500 g	Champignons
3 EL	Speiseöl
1 Bund	Kerbel

Tip

Die gemischte Gemüseplatte kann auch mit Salzkartoffeln und pochierten Eiern als fleischloses Hauptgericht serviert werden.

Filetbohnen im Speckmantel

(Foto)

Zutaten

600 g	Filetbohnen
2–3 Zweige	Bohnenkraut
	wenig kochendes Salzwasser
8 Scheiben	Schinkenspeck
3 EL	Butter

Von den Filetbohnen die Enden abschneiden. Bohnen waschen. Bohnenkrautzweige vorsichtig abspülen und trockentupfen. Beide Zutaten in Salzwasser geben, zum Kochen bringen, 6–10 Minuten kochen lassen. Bohnen abtropfen lassen und die Bohnenkrautzweige entfernen. Bohnen in 8 Portionen teilen, jede Portion in 1 Scheibe Schinkenspeck wickeln. Butter zerlassen, die Bohnenportionen darin etwa 3 Minuten von allen Seiten braten lassen.

Tip

Filetbohnen im Speckmantel zu Rinderfilet oder Wild mit Herzoginkartoffeln servieren.

Grüne Bohnen

(Schnitt- oder Brechbohnen)

Zutaten

750 g	grüne Bohnen
	kochendes Salzwasser
1	Zwiebel
40 g	Butter
	Salz
	frisch gemahlener Pfeffer
	Bohnenkraut

Von den Bohnen die Enden abschneiden, die Bohnen evtl. abfädeln, waschen und in Stücke schneiden oder brechen. Die Bohnen in das Salzwasser geben, zum Kochen bringen und in 15–20 Minuten gar kochen lassen. Bohnen zum Abtropfen auf ein Sieb geben. Zwiebel abziehen und würfeln. Butter zerlassen, Zwiebelwürfel darin andünsten, Bohnen hinzufügen, schwenken und mit Salz, Pfeffer und Bohnenkraut würzen.

Tip

Zu Lammbraten servieren.

Abwandlung

40 g durchwachsenen Speck würfeln, auslassen, etwas Butter hinzufügen und zerlassen. 1 Eßlöffel Zwiebelwürfel darin andünsten und die Bohnen darin schwenken.

ohnen im Speckmantel

Sauerkraut

Zutaten

2	Zwiebeln
60 g	Schweineschmalz
750 g	Sauerkraut
250 ml (¼ l)	Wasser
1	Kartoffel
	Salz
1	Prise Zucker

Zwiebeln abziehen, würfeln. Schweineschmalz zerlassen, die Zwiebelwürfel darin hellgelb dünsten. Sauerkraut zerpflücken, hinzufügen und andünsten. Wasser hinzugießen und das Sauerkraut in 40–60 Minuten garen. Kartoffel schälen, waschen, reiben und zu dem Sauerkraut geben. Kurz aufkochen lassen, damit das Sauerkraut sämig wird, mit Salz und Zucker abschmecken.

Abwandlung

2 Äpfel oder statt des Wassers halb Weißwein und halb Wasser an das Sauerkraut geben.

Tip

Zu Kasseler Rippenspeer reichen.

Rosenkohl

Zutaten

750 g	Rosenkohl
	kochendes Salzwasser
50 g	Butter
	Salz
	geriebene Muskatnuß

Von dem Rosenkohl die beschädigten und fleckigen äußeren Blättchen entfernen, etwas vom Strunk abschneiden, die Rosenkohlröschen am Strunk kreuzförmig einschneiden. Die Röschen waschen, abtropfen lassen, in kochendes Salzwasser geben, zum Kochen bringen und in etwa 15 Minuten gar kochen. Zum Abtropfen auf ein Sieb geben. Butter zerlassen, den Rosenkohl darin schwenken, mit Salz und Muskatnuß würzen.

Rotkohl

(Foto)

Zutaten

1 kg	Rotkohl
1	große Zwiebel
3	saure Äpfel
60 g	Gänse- oder Schweineschmalz
100 g	Rosinen
1	Lorbeerblatt
	einige Gewürznelken
	Salz
1 Prise	Zucker
	gemahlener Zimt
2 EL	Weißweinessig
125 ml (1/8 l)	Wasser

Von dem Rotkohl die groben äußeren Blätter entfernen. Kohl vierteln, Strunk entfernen, Kohl waschen, sehr fein schneiden oder hobeln. Zwiebel abziehen und würfeln. Äpfel schälen, vierteln, entkernen und kleinschneiden. Schmalz zerlassen, die Zwiebelwürfel darin hellgelb dünsten lassen, den Kohl hinzufügen und andünsten. Apfelstückchen, Rosinen, Lorbeerblatt, Gewürznelken, Salz, Zucker, Zimt, Essig und Wasser hinzufügen. Rotkohl in etwa 1½ Stunden gar dünsten lassen. Evtl. nochmals mit Salz, Zucker und Essig abschmecken.

Abwandlung

Anstelle von Wasser Weiß- oder Rotwein nehmen, evtl. auch 1 Eßlöffel Johannisbeergelee mitkochen.

Tip

Rotkohl und Rosenkohl zu Wild- oder dunklen Geflügelgerichten reichen.

Gedünstete Pfifferlinge mit Speck

(Foto)

(8 Portionen)

Zutaten

600 g	Pfifferlinge
80 g	durchwachsener Speck
40 g	Butter
2	Zwiebeln oder Schalotten
	Salz
	frisch gemahlener Pfeffer
½ Bund	gehackte, glatte Petersilie oder Kerbel

Pfifferlinge verlesen, putzen, mit Küchenpapier abreiben, evtl. abspülen, trockentupfen. Speck fein würfeln, in einer Pfanne auslassen, Butter hinzufügen und zerlassen. Zwiebeln oder Schalotten abziehen, würfeln und in dem Speckfett andünsten. Die Pfifferlinge hinzufügen, etwa 8 Minuten dünsten lassen, mit Salz und Pfeffer abschmecken. Zum Schluß Petersilie oder Kerbel unterheben.

Tips

Zu Filetbraten oder Kurzgebratenem reichen. Zusammen mit Rührei und Petersilienkartoffeln oder Weißbrot können die gedünsteten Pfifferlinge auch als fleischloses Hauptgericht gereicht werden.

Porreegemüse

Zutaten

1 kg	Porree (Lauch)
250 ml (¼ l)	Gemüsebrühe
75 g	Butter
	Salz
	geriebene Muskatnuß
1 EL	gehackte Petersilie

Porree putzen, die Stangen längs halbieren, waschen und in 6 cm lange Stücke schneiden. Brühe zum Kochen bringen, die Porreestücke hineingeben, in 5–10 Minuten gar kochen lassen, auf ein Sieb geben und abtropfen lassen. Butter zerlassen, den Porree darin schwenken, mit Salz und Muskatnuß würzen und mit Petersilie bestreuen.

Abwandlung

Das Porreegemüse mit etwas Schlagsahne oder Schmand verfeinern oder in einer Mehlschwitze servieren.

Tip

Porreegemüse zu Schweinebraten oder gebratenem Rotbarschfilet reichen.

Reisring

(Foto)

Zutaten

1	Zwiebel
1 EL	Butter
250 g	Brühreis (Langkorn)
500 ml (½ l)	Fleisch- oder Gemüsebrühe
1 EL	Speiseöl

Zwiebel abziehen und würfeln. Butter zerlassen, die Zwiebelwürfel darin andünsten, Brühreis hinzufügen und miterhitzen. Brühe hinzugeben, umrühren, zum Kochen bringen und etwa 20 Minuten ausquellen lassen. Den garen Reis in eine mit Öl ausgestrichene Ringform füllen, fest andrücken und auf eine vorgewärmte Platte stürzen.

Tip Ragoût fin in dem Reisring servieren.

Spätzle

Zutaten (8 Portionen)

400 g	Weizenmehl
4	Eier
1 gestr. TL	Salz
12 EL	Wasser
	kochendes Salzwasser
50 g	Butter

Mehl in eine Schüssel sieben, in die Mitte eine Vertiefung eindrücken. Eier mit Salz und Wasser verschlagen, etwas davon in die Vertiefung geben, mit Handrührgerät mit Knethaken von der Mitte aus mit dem Mehl verrühren. Nach und nach die übrige Flüssigkeit hinzugießen. Darauf achten, daß keine Klümpchen entstehen. Den Teig so lange schlagen, bis er Blasen wirft. Ihn portionsweise auf ein Holzbrett streichen und mit einem Messer kleine Stücke in reichlich kochendes Salzwasser schaben. Oder den Teig mit einem Spätzlehobel oder durch eine Spätzlepresse portionweise in das Wasser geben. Spätzle in 3–5 Minuten gar kochen lassen (Spätzle sind gar, wenn sie an der Oberfläche schwimmen). Die garen Spätzle auf ein Sieb geben, mit kaltem Wasser übergießen und abtropfen lassen. Butter bräunen, die Spätzle darin schwenken.

Serviettenknödel

(Foto)

Zutaten

300 g (etwa 8)	Brötchen (Semmeln)
100 g	Butter oder Margarine
300 g	Weizenmehl
3	Eier
	Salz
250 ml (¼ l)	Milch
	kochendes Salzwasser
	evtl. zerlassene, gebräunte Butter

Brötchen in kleine Würfel schneiden und in 2 Portionen rösten. Dazu jeweils die Hälfte der Butter oder Margarine erhitzen, die Hälfte der Brötchenwürfel darin goldgelb rösten und abkühlen lassen. Mehl in eine Schüssel sieben, Eier, Salz und Milch hinzufügen und gut durchschlagen, bis der Teig Blasen wirft und geschmeidig ist. Die gerösteten Brötchenwürfel unterrühren.

Ein Geschirrtuch oder eine große Serviette anfeuchten, die Knödelmasse zu einem runden Laib formen, auf das untere Drittel des Tuches geben, zusammenrollen, die beiden Tuch-/Serviettenenden fest zubinden. Die Rolle in reichlich kochendes Salzwasser geben, den Topf mit einem Deckel verschließen und den Serviettenknödel in etwa 1 Stunde gar ziehen lassen (das Wasser muß sich leicht bewegen).

Den garen Serviettenknödel aus dem Geschirrtuch (Serviette) wickeln, mit Hilfe eines Zwirnfadens in Scheiben schneiden. Serviettenknödelscheiben nach Belieben mit zerlassener, gebräunter Butter begießen.

Tip

Serviettenknödel als Beilage zu Sauerbraten, Schweinebraten oder dunklem Geflügel (Ente, Gans) reichen.

Semmelklöße

Zutaten

300 g (etwa 8)	altbackene Semmeln (Brötchen)
50 g	zerlassene, heiße Butter
500 ml (½ l)	kochendheiße Milch
2	Eier
1 gestr. TL	Backpulver
	Salz
	kochendes Salzwasser

Semmeln in knapp 2 mm dicke Blättchen schneiden, mit Butter und Milch übergießen und etwa 1 Stunde stehen lassen.

Eier und nach Belieben Backpulver unterrühren. Die Masse mit Salz abschmecken. Mit nassen Händen Klöße daraus formen, in reichlich kochendes Salzwasser geben, zum Kochen bringen und in etwa 20 Minuten gar ziehen lassen (Wasser muß sich leicht bewegen).

Tip

Zu saucenreichen Braten (z.B. Schweinebraten) servieren.

Kartoffelklöße halb und halb

(6 Portionen)

Zutaten

750 g	Kartoffeln
500 g	geschälte, rohe Kartoffeln
1	Ei
65 g	Weizenmehl
1 TL	Salz
	kochendes Salzwasser

Kartoffeln waschen, in Wasser zum Kochen bringen, in etwa 20 Minuten gar kochen lassen, abgießen, pellen, sofort durch die Kartoffelpresse geben und bis zum nächsten Tag kalt stellen.
Die rohen Kartoffeln in eine Schüssel mit Wasser reiben, in einem Küchentuch fest auspressen und zu den gekochten Kartoffeln geben. Ei, Mehl und Salz unterkneten.
Aus dem Teig mit bemehlten Händen 18 Klöße formen, in kochendes Salzwasser geben, zum Kochen bringen, in 15–20 Minuten gar ziehen lassen (Wasser muß sich leicht bewegen). Die garen Klöße gut abtropfen lassen.

Tip Die Klöße mit gerösteten Brötchen- oder Brotwürfeln füllen.
Klöße zu Rouladen oder Schweinebraten reichen.

Kartoffelklöße, gekocht

(Foto)

Kartoffeln waschen, in Wasser zum Kochen bringen, in 20–25 Minuten gar kochen. Kartoffeln abgießen, pellen, sofort durch die Kartoffelpresse geben und bis zum nächsten Tag kalt stellen.
Semmelbrösel, Mehl und Eier unter die Kartoffelmasse kneten. Den Teig mit Salz und Muskatnuß würzen. Aus dem Teig mit bemehlten Händen 12 Klöße formen, in reichlich kochendes Salzwasser geben, zum Kochen bringen und in 20–25 Minuten gar ziehen lassen (Wasser muß sich leicht bewegen). Die garen Klöße gut abtropfen lassen.

Zutaten

750 g	Kartoffeln
50 g	Semmelbrösel
20 g	Weizenmehl
2	Eier
	Salz
	geriebene Muskatnuß
	kochendes Salzwasser

Abwandlung

1 Eßlöffel gehackte Petersilie und 100 g angedünstete Speckwürfel (magerer durchwachsener Speck) unter die Kartoffelmasse rühren.

Tip

Kartoffelklöße zu Sauerbraten oder Schweinebraten und Rotkohl reichen.

Petersilienkartoffeln

Kartoffeln waschen, in Wasser zum Kochen bringen, in 20–25 Minuten gar kochen lassen, abgießen und sofort pellen. Butter oder Margarine zerlassen, Kartoffeln, Salz und Petersilie hinzufügen und gut durchschwenken.

Zutaten

1 kg	möglichst kleine, gleichgroße Kartoffeln
40 g	Butter oder Margarine
	Salz
2 EL	gehackte Petersilie

Abwandlung

Anstelle der Petersilie können auch andere Kräuter verwendet werden.

Tip

Petersilienkartoffeln passen besonders gut zu Fischgerichten.

Herzoginkartoffeln

(Pommes duchesse)

Zutaten

750 g	Kartoffeln
	Salzwasser
1	Ei
20 g	Butter
	Salz
	geriebene Muskatnuß
1	Eigelb
2 TL	Milch

Kartoffeln waschen, schälen, abspülen, in Salzwasser zum Kochen bringen, in 20–25 Minuten gar kochen lassen. Kartoffeln abgießen, abdämpfen, sofort durch eine Kartoffelpresse geben und erkalten lassen.

Die Kartoffelmasse mit Ei und Butter verrühren, mit Salz und Muskatnuß würzen. Die Masse in einen Spritzbeutel mit großer Sterntülle füllen und in Form von Tuffs auf ein gefettetes Backblech spritzen.

Eigelb mit Milch verschlagen und die Tuffs damit bestreichen.

Das Backblech in den Backofen schieben.

Ober-/Unterhitze	200–220 °C (vorgeheizt)
Heißluft	180–200 °C (nicht vorgeheizt)
Gas	Stufe 4–5 (vorgeheizt)
Backzeit	10–12 Minuten

Tip

Herzoginkartoffeln zu Rinderfilet oder Wildgerichten reichen.

Kartoffelkroketten

Zutaten

750 g Kartoffeln
Salzwasser
2 Eigelb
Salz
geriebene Muskatnuß
1 verschlagenes Ei
50 g Semmelbrösel
Pflanzenfett zum Ausbacken

Kartoffeln waschen, schälen, abspülen, in Salzwasser zum Kochen bringen und in 20–25 Minuten gar kochen lassen. Kartoffeln abgießen, sofort durch die Kartoffelpresse geben und erkalten lassen. Kartoffeln mit Eigelb verrühren, mit Salz und Muskatnuß abschmecken. Aus dem Teig knapp 2 cm dicke und 5 cm lange Röllchen oder nach Belieben Kugeln formen. Die Röllchen zunächst in verschlagenem Ei, dann in Semmelbröseln wenden und schwimmend in siedendem Pflanzenfett in 2–3 Minuten goldbraun backen.

Abwandlung

Für Mandelkroketten anstelle von Semmelbröseln etwa 100 g abgezogene, gehobelte Mandeln verwenden.

Tip

Kroketten sind eine beliebte Beilage zu nahezu allen Braten.

Meeresfrüchte, Fisch

Hummer, klassisch (Foto Seite 56/57)

Zutaten

1	Hummer (800–1000 g)
4	Schalotten
3 l	Wasser
2 EL	Salz
10	Pfefferkörner
1 EL	Kümmel
	Dillblüten

Hummer am Rücken festhalten und gründlich in kaltem Wasser bürsten, dabei die Gummiringe, die die Scheren zusammenhalten, nicht entfernen. Schalotten abziehen und vierteln. Wasser mit Schalottenvierteln, Salz, Pfefferkörnern und Kümmel zum Kochen bringen. Damit der Hummer möglichst schnell getötet wird, ihn mit dem Kopf zuerst in das kochende Wasser drücken, zum Kochen bringen, in etwa 15 Minuten gar ziehen (nicht mehr kochen) lassen (Er verfärbt sich nun rot). Den Hummer mit einem Schaumlöffel herausnehmen, abtropfen lassen, Gummiringe entfernen und den Hummer der Länge nach halbieren. Dazu den Hummer auf den Bauch legen und ein großes Messer an dem Punkt des Rückens ansetzen, wo der Schwanz beginnt. Mit kräftigem Druck zuerst in Schwanz-, dann in Kopfrichtung in 2 Hälften teilen. Den schwarzen Darmstrang (er zieht sich wie ein Faden durch das Fleisch) entfernen. Die Hummerscheren mit einem Messerrücken aufschlagen, das Fleisch herausnehmen.

Beilage

Sauce Hollandaise, Mayonnaise und Baguette.

Tip

Man kann Hummer auch bereits gekocht beim Fischhändler kaufen (evtl. vorher bestellen).

Krebse in Dillsauce

(Foto)

Zutaten

24	Flußkrebse
1 Bund	Suppengrün
10 g	Kümmel
	kochendes Salzwasser

Für die Dillsauce

½	kleine Salatgurke
50 g	Butter
2	Schalotten
100 ml	trockener Weißwein
100 ml	trockener Wermut
100 ml	Schlagsahne
4 EL	Krebsbrühe
1	Bund Dill
	Salz
	frisch gemahlener Pfeffer
50 g	Butter

Flußkrebse gründlich in kalten Wasser bürsten. Suppengrün putzen, waschen, grob zerschneiden, mit den Krebsen und Kümmel in kochendes Salzwasser geben, etwa 10 Minuten ziehen lassen. Krebse herausnehmen, abtropfen lassen, die Brühe beiseite stellen.

Für die Dillsauce Gurke waschen, kleine Kugeln ausstechen und in zerlassener Butter kurz dünsten. Schalotten abziehen, fein würfeln zu den Gurken geben und mit andünsten. Mit Weißwein und Wermut ablöschen. Sahne und Krebsbrühe hinzufügen und einkochen lassen. Dill abspülen, trockentupfen, fein hacken, unter die Sauce rühren und mit Salz und Pfeffer abschmecken. Butter in Flöckchen unterschlagen. Krebsschwänze aus den Schalen lösen und in die Sauce geben.

Tip

Kleine Butterkartoffeln oder Butterreis dazu reichen.

Zutaten

2 l	Wasser
1 Bund	geputztes, kleingewürfeltes Suppengrün
1	Lorbeerblatt
10	Pfefferkörner
3	Gewürznelken
5	Pimentkörner (Nelkenpfeffer)
1	mittelgroße, abgezogene Zwiebel
2 schwach geh. EL	Salz
6 EL	Essig
1¼ kg	küchenfertiger Karpfen

Karpfen blau

Wasser mit Suppengrün, Lorbeerblatt, Pfefferkörnern, Gewürznelken, Pimentkörnern, Zwiebel, Salz und Essig in einem ovalen Topf zum Kochen bringen und etwa 5 Minuten kochen lassen. Karpfen unter fließendem kaltem Wasser abspülen, auf einem Einsatz in das kochende Wasser geben. Topf sofort zudecken, zum Kochen bringen und den Karpfen in 30–35 Minuten gar ziehen lassen. Der Fisch ist gar, wenn sich die Rückenflosse leicht herausziehen läßt. Den garen Fisch auf einer vorgewärmten Platte anrichten.

Abwandlung

Anstelle von Karpfen können auch 4 Forellen (je 300 g, rund gebunden) oder 4 Schleien verwendet werden. Die Kochzeit beträgt dann jeweils 20–25 Minuten.

Böhmischer Karpfen mit warmem Kartoffelsalat

(6 Portionen)

Für den Kartoffelsalat

1½ kg	festkochende Kartoffeln
1 Bund	Frühlingszwiebeln
1 Bund	Radieschen
250 ml (¼ l)	Gemüsebrühe
4 EL	Essig
6 EL	Speiseöl
	Salz
	frisch gemahlener Pfeffer
1 Prise	Zucker
150 g	durchwachsener Speck
1 Bund	Schnittlauch
150 g	Feldsalat

Für den Karpfen

250 g	Weizenmehl
250 ml (¼ l)	Bier
100 ml	Wasser
2	Eigelb
	Salz
75 g	zerlassene Butter
2	Eiweiß
6 Scheiben	Karpfen (etwa 1,2 kg)
	frisch gemahlener Pfeffer
150 g	Butterschmalz

Für den Kartoffelsalat Kartoffeln waschen, in Wasser zum Kochen bringen, in etwa 25 Minuten gar kochen lassen, abgießen, abdämpfen, pellen, etwas abkühlen lassen und in Scheiben schneiden. Frühlingszwiebeln und Radieschen putzen und waschen, Frühlingszwiebeln in feine Ringe, Radieschen in Scheiben schneiden. Brühe zum Kochen bringen, etwas abkühlen lassen, Essig und Öl zugeben und mit Salz, Pfeffer und Zucker abschmecken. Den Speck in feine Streifen schneiden und in einer Pfanne knusprig ausbraten.
Kartoffelscheiben mit der Marinade übergießen und etwa 30 Minuten durchziehen lassen. Frühlingszwiebeln, Radieschen, Speck und den in Röllchen geschnittenen Schnittlauch untermischen. Von dem Feldsalat die Wurzelenden abschneiden, schlechte Blätter entfernen, Feldsalat gründlich waschen und abtropfen lassen. Ihn erst kurz vor dem Servieren unterheben.
Für den Karpfen Mehl mit Bier, Wasser, Eigelb, Salz und Butter zu einem dickflüssigen Teig verrühren und etwa 20 Minuten quellen lassen. Eiweiß steif schlagen und unterheben. Die Karpfenscheiben unter fließendem kaltem Wasser abspülen, trockentupfen, salzen und pfeffern. Die Stücke vorsichtig mit zwei Gabeln in den Bierteig tauchen, abtropfen lassen, im heißen Butterschmalz goldbraun ausbacken und auf Küchenpapier abtropfen lassen. Die Karpfenstücke mit dem lauwarmen Kartoffelsalat servieren.

Forellen Müllerin (Foto)

Zutaten

4 küchenfertige Forellen (je 200 g)
Salz
frisch gemahlener Pfeffer
40 g Weizenmehl
3 EL Speiseöl
40 g Butter
Zitronenscheiben (unbehandelt)

Forellen unter fließendem kaltem Wasser abspülen, trockentupfen, innen und außen mit Salz und Pfeffer einreiben und in Mehl wenden. Öl erhitzen, die Forellen von beiden Seiten darin anbraten. Butter hinzufügen, zerlassen, die Forellen in etwa 6 Minuten gar braten. Forellen mit Zitronenscheiben garnieren.

Beilage Petersilienkartoffeln, gemischter Salat.

Tip 75 g abgezogene, gehobelte Mandeln mitbräunen lassen, über die Forellen geben.

Zander in Wein-Sahne-Sauce

Zutaten

1	küchenfertiger Zander (etwa 1 kg)
	Salz
	frisch gemahlener Pfeffer
80 g	Butter
2	Schalotten
200 g	Champignons
125 ml (1/8 l)	Weißwein

Für die Wein-Sahne-Sauce

200 ml	Fischfond oder -brühe
125 ml (1/8 l)	Schlagsahne
2 gestr. TL	Weizenmehl
5 EL	Weißwein
1 TL	Senf
	Salz
	frisch gemahlener Pfeffer

Den Zander unter fließendem kaltem Wasser abspülen, trockentupfen und mit Salz und Pfeffer einreiben. Etwas von der Butter in einer Auflaufform zerlassen, den Zander hineinlegen. Schalotten abziehen und würfeln. Champignons putzen, mit Küchenpapier abreiben, evtl. abspülen und in Scheiben schneiden. Beide Zutaten hinzufügen, restliche Butter darübergeben, Weißwein hinzufügen. Die Auflaufform auf dem Rost in den Backofen schieben.

Ober-/Unterhitze	etwa 200 °C (vorgeheizt)
Heißluft	etwa 180 °C (nicht vorgeheizt)
Gas	Stufe 3–4 (vorgeheizt)
Garzeit	etwa 30 Minuten

Für die Wein-Sahne-Sauce Fischfond und Sahne etwas einkochen lassen. Mehl mit dem Weißwein verrühren, in den Fond geben und 2–3 Minuten kochen lassen. Senf unterrühren und die Sauce mit Salz und Pfeffer abschmecken. Den Zander aus der Auflaufform nehmen und mit der Sauce servieren.

Beilage

Butterreis, Kopfsalat.

Forellenfilets in Rosinen-Sahne-Sauce

(6 Portionen)

Zutaten

12	Forellenfilets (je 100 g)
2 TL	Essig-Essenz
4 EL	Wasser
	Salz
	frisch gemahlener Pfeffer
3 Bund	Dill

Für die Sauce

4	Zwiebeln
50 g	Butter
250 ml (¼ l)	Weißwein
250 ml (¼ l)	Schlagsahne
1 TL	Senf
1 TL	Weizenmehl
1 Becher (150 g)	Crème fraîche
	Salz
	frisch gemahlener Pfeffer
	etwas Zucker
	Essig-Essenz
150 g	Rosinen

Forellenfilets unter fließendem kaltem Wasser abspülen, trockentupfen und evtl. noch vorhandene Gräten entfernen. Essig-Essenz mit Wasser mischen, Filets damit beträufeln, trockentupfen, salzen und pfeffern. Dill abspülen, trockentupfen und fein schneiden (1 Eßlöffel zum Garnieren beseite stellen). Die Innenseiten der Filets dick mit Dill bestreuen und zur Hälfte zusammenklappen. Für die Sauce Zwiebeln abziehen und in Würfel schneiden. Butter zerlassen, Zwiebelwürfel darin glasig dünsten. Wein hinzufügen und etwa 5 Minuten kochen lassen. Sahne und Senf hinzufügen, nochmals gut aufkochen lassen. Mehl mit Crème fraîche verrühren, in die Sauce geben und mit Salz, Pfeffer, Zucker und Essig-Essenz abschmecken. Rosinen unterrühren. Forellenfilets nebeneinander in eine gefettete, große, flache Auflaufform geben und die Sauce darauf verteilen. Die Form auf dem Rost in den Backofen schieben.

Ober-/Unterhitze	180–200 °C (vorgeheizt)
Heißluft	160–180 °C (nicht vorgeheizt)
Gas	Stufe 3–4 (vorgeheizt)
Garzeit	15–20 Minuten

Die Filets vor dem Servieren mit dem zurückgelassenen Dill bestreuen.

Beilage Langkornreis.

Gebratene Forellen mit Gemüse-Käse-Füllung

(8 Portionen)

Für die Füllung

200 g	Möhren
200 g	Porree (Lauch)
	Salzwasser
2 Bund	Dill
200 g	Doppelrahm-Frischkäse
80 g	gehobelte Haselnußkerne
	Salz
	frisch gemahlener Pfeffer

Für die Forellen

8	küchenfertige Forellen (je 250 g)
	Salz
	frisch gemahlener Pfeffer
3	Eier
120 g	Weizenmehl
180 g	Semmelbrösel
6 EL	Speiseöl
60 g	Butterschmalz
50 g	gehobelte Haselnußkerne

Für die Füllung Möhren putzen, schälen, waschen. Porree putzen und waschen. Beide Zutaten in feine Streifen schneiden, in kochendem Salzwasser 2–3 Minuten blanchieren und auf einem Sieb abtropfen lassen. Dill abspülen, trockentupfen und kleinschneiden. Frischkäse mit Gemüse, Haselnußblättchen, Dill, Salz und Pfeffer verrühren.

Für die Forellen Fische unter fließendem kaltem Wasser abspülen, trockentupfen, innen und außen mit Salz und Pfeffer würzen und mit der Käse-Gemüse-Mischung füllen. Eier mit etwas Wasser verschlagen. Forellen erst in Mehl, dann in verschlagenem Ei und zuletzt in Semmelbröseln wenden, dabei die Panade gut festdrücken.

Öl erhitzen, die Forellen darin anbraten. Butterschmalz hinzufügen und die Forellen in etwa 8 Minuten rundherum knusprig goldbraun braten. Zum Schluß die Haselnußblättchen kurz mitbraten und über die Forellen geben.

Beilage Petersilienkartoffeln.

Tip Forellen nach Belieben mit Dillblüten garnieren.

Speck-Äschen mit Gemüse

Zutaten

2	Äschen (etwa 1 kg)
	Zitronensaft
	Salz
125 g	durchwachsener Speck
6	enthäutete Tomaten
250 g	Champignons
1 Stange	Porree (Lauch)
2	Zwiebeln
50 g	Butter

Für die Sauce

1 EL	Weizenmehl
250 g	saure Sahne
	Paprika edelsüß

Äschen schuppen, ausnehmen, Flossen und Schwanz entfernen. Äschen unter fließendem kaltem Wasser abspülen, trockentupfen, nach Belieben mit Zitronensaft beträufeln, trockentupfen und mit Salz würzen. Speck in Streifen schneiden, die Fische damit spicken, mit dem restlichen Speck eine gefettete Auflaufform auslegen. Tomaten in Scheiben schneiden. Champignons putzen, mit Küchenpapier abreiben, evtl. abspülen, trockentupfen und in Scheiben schneiden. Porree gründlich waschen, in Ringe schneiden, evtl. nochmals waschen und abtropfen lassen. Zwiebeln abziehen, in Scheiben schneiden. Die 4 Zutaten gleichmäßig auf dem Speck verteilen, den Fisch darauf legen, Butter in Flöckchen darauf setzen. Die Form auf dem Rost in den Backofen schieben.

Ober-/Unterhitze	200–220 °C (vorgeheizt)
Heißluft	180–200 °C (nicht vorgeheizt)
Gas	Stufe 4–5 (nicht vorgeheizt)
Garzeit	35–40 Minuten

Die garen Äschen mit dem Gemüse auf einer vorgewärmten Platte anrichten.
Für die Sauce Mehl mit saurer Sahne anrühren, den Bratensatz damit binden. Die Sauce mit Salz und Paprika abschmecken.

Beilage Salzkartoffeln und Salat.

Tip Anstelle der Äschen können auch Forellen, Felchen oder Saiblinge genommen werden.

Gebeizte Lachsforelle

(Foto)

Zutaten (6 Portionen)

½ EL	Essig-Essenz oder Zitronensaft
45 g	Salz
2 EL	Honig
1 EL	mittelscharfer Senf
	frisch gemahlener Pfeffer
4	Bund Dill
4	filetierte Lachsforellen (je 250 g)

Für die Dillsauce

1 EL	Essig-Essenz oder Zitronensaft
2	Eigelb
3 EL	mittelscharfer Senf
1 TL	Senfpulver
1 EL	Honig
8 EL	Speiseöl
1 Bund	Dill
	Zitronenscheiben (unbehandelt)

Essig-Essenz oder Zitronensaft, Salz, Honig, Senf und Pfeffer verrühren. Dill abspülen, trockentupfen, fein hacken und unterheben. Lachsforellen unter fließendem kaltem Wasser abspülen, trockentupfen, dabei evtl. noch vorhandene Gräten entfernen. Zwei Seiten mit der Haut nach unten auf eine Platte legen, Dillbeize darauf verteilen. Die anderen Filets darauf legen, so daß die Hautseiten außen sind. Mit Klarsichtfolie abdecken, ein Holzbrett darauf legen und mit Konservendosen beschweren. Die Filets 24 Stunden im Kühlschrank beizen lassen, zwischendurch wenden.

Für die Dillsauce Essig-Essenz oder Zitronensaft, Eigelb, Senf, Senfpulver und Honig verrühren. Öl langsam unterrühren und die Sauce aufschlagen. Dill abspülen, trockentupfen, etwas zum Garnieren zurücklassen, den Rest fein hacken und unter die Sauce rühren.

Die gebeizten Filets in breiten Streifen von der Haut schneiden und auf einer Platte anrichten. Mit Dill und Zitronenscheiben garnieren und mit der Sauce servieren.

Beilage Kräftiges Schwarzbrot mit Butter.

Tip Die Dillsauce kann natürlich auch zu gebeiztem Lachs serviert werden.

Aal in Kressesauce

(Foto)

Zutaten

1	küchenfertiger, frischer Aal (etwa 800 g)
1½ l	Wasser
	Salz
3 EL	Essig
1	Zwiebel
2	Gewürznelken
1	Lorbeerblatt

Für die Kressesauce

2	Schalotten
100 g	Butter oder Margarine
100 ml	Fischfond
100 ml	trockener Weißwein
300 ml	Schlagsahne
1 Kästchen	Kresse
2 EL	Crème fraîche
	Salz
	frisch gemahlener Pfeffer

Aal unter fließendem kaltem Wasser abspülen, trockentupfen und in etwa 7 cm lange Stücke schneiden. Wasser mit Salz und Essig verrühren und zum Kochen bringen. Zwiebel abziehen, mit Gewürznelken spicken, mit Lorbeerblatt in das Essigwasser geben, die Fischstücke hinzufügen, zum Kochen bringen und in etwa 15 Minuten gar ziehen lassen. Aus der Flüssigkeit nehmen, abtropfen lassen und warm stellen.

Für die Kressesauce Schalotten abziehen und fein würfeln. Butter oder Margarine zerlassen, die Schalottenwürfel darin glasig dünsten. Fischfond und Weißwein hinzugießen, Sahne unterrühren, die Flüssigkeit cremig einkochen lassen. Kresseblättchen abschneiden, kalt abspülen, trockentupfen und mit Crème fraîche unter die Sauce rühren. Sauce mit Salz und Pfeffer abschmecken, die Aalstücke kurz darin erhitzen.

Abwandlung

Für die Sauce zusätzlich 150 g Spinat, 100 g Sauerampfer, 1 Bund glatte Petersilie, 1 Bund Kerbel, 10 Zitronenmelisseblätter und 4 Salbeiblätter abspülen, trockentupfen, in kochendem Wasser blanchieren, gut abtropfen lassen, pürieren und unter die Sauce rühren.

Überbackenes Lachsfilet

Zutaten

4 Stücke	Lachfilet
3 EL	Speiseöl
4–6 Scheiben	Räucherlachs
1	Zwiebel
100 g	Schinkenspeck
1 EL	gehackter Dill
1 EL	gehackte Petersilie
150 g	Schmand
40	weiche Butter
	frisch gemahlener Pfeffer

Lachsfilet unter fließendem kaltem Wasser abpülen und trockentupfen. Öl in einer Pfanne erhitzen, den Lachs darin von beiden Seiten braten. Aus der Pfanne nehmen, nebeneinander in eine gefettete Auflaufform legen und mit dem Räucherlachs belegen. Zwiebel abziehen und fein hacken. Schinkenspeck fein würfeln. Aus Zwiebel, Speck, Dill, Petersilie, Schmand und Butter eine cremige Farce herstellen und dick auf dem Räucherlachs verstreichen. Die Auflaufform auf dem Rost in den Backofen schieben.

Ober-/Unterhitze	etwa 180 °C (vorgeheizt)
Heißluft	etwa 160 °C (nicht vorgeheizt)
Gas	Stufe Stufe 3–4 (vorgeheizt)
Überbackzeit	etwa 10 Minuten

Tip

Mit Kopfsalat und kleinen, in Butter geschwenkten Kartoffeln servieren.

Aal in Kressesauce
Aal in Kressesauce

Wels (Waller) in Meerrettichsauce

Zutaten

4 Scheiben	Welsfilet (600 g)
	Salz
	frisch gemahlener Pfeffer
1	Zwiebel
1	Möhre
½ Stange	Porree (Lauch)
2 Stangen	Staudensellerie
250 ml (¼ l)	Weißwein
2	Lorbeerblätter
4	weiße Pfefferkörner
1	Dillstengel
1	Petersilienstengel
½	Tomate

Für die Merrettichsauce

1	Schalotte
1 EL	Butter
100 ml	Fischfond oder -brühe
100 ml	Schlagsahne
	Salz
	frisch gemahlener Pfeffer
	Saft von
1	Zitrone
80 g	frischer, geriebener Meerrettich
25 g	kalte Butter
2 EL	feingeschnittener Schnittlauch
3 EL	geschlagene Schlagsahne

Welsfilet unter fließendem kaltem Wasser abspülen, trockentupfen und mit Salz und Pfeffer würzen. Zwiebel abziehen, Möhre putzen, schälen, waschen, Porree putzen, waschen, Staudensellerie putzen, waschen, die harten Außenfäden abziehen. Das vorbereitete Gemüse kleinschneiden. Den Weißwein mit dem Gemüse aufkochen, Gewürze und Kräuter zugeben und etwa 5 Minuten leicht köcheln lassen. Welsfilet hineinlegen und bei milder Hitze 6–8 Minuten pochieren. Für die Meerrettichsauce Schalotte abziehen, in feine Würfel schneiden und in zerlassener Butter andünsten. Mit Fischfond und Sahne auffüllen und auf die Hälfte einkochen lassen. Mit Salz, Pfeffer und Zitronensaft abschmecken. Meerrettich zugeben, Butter unterschlagen. Schnittlauch zugeben und Sahne unterheben. Den Wels aus dem Sud nehmen und mit der Meerrettichsauce anrichten.

Beilage

Salzkartoffeln und Möhren mit Kerbel.

Kabeljau, gedünstet

(Foto)

Zutaten

1 ¼ kg	küchenfertiger Kabeljau (im Stück oder geteilt)
1 Bund	Suppengrün
375 ml (⅜ l)	Wasser
1	Lorbeerblatt
10	Pfefferkörner
3	Gewürznelken
5	Pimentkörner
	einige Zitronenscheiben (unbehandelt)
1 schwach geh. TL	Salz
1 EL	Essig

Kabeljau unter fließendem kaltem Wasser abspülen, trockentupfen. Suppengrün putzen, waschen und in Scheiben schneiden. Mit Wasser, Lorbeerblatt, Pfefferkörnern, Gewürznelken, Pimentkörnern, Zitronenscheiben, Salz und Essig in einen Topf geben und aufkochen lassen. Den Fisch hineingeben und in 15–20 Minuten gar dünsten. Den garen Fisch auf einer vorgewärmten Platte anrichten.

Beilage

Zerlassene, leicht gebräunte Butter, Petersilienkartoffeln.

Abwandlung

Anstelle von Kabeljau können auch folgende Fische verwendet werden:

1. Schellfisch, Dünstzeit: etwa 20 Minuten.
2. Seelachs, Dünstzeit: etwa 20 Minuten.
3. Rotbarsch, Dünstzeit: etwa 20 Minuten.
4. Zander (geschuppt, ausgenommen, ohne Flossen, mit Kopf), Dünstzeit: etwa 30 Minuten.
5. Hecht (geschuppt, ausgenommen, ohne Flossen, mit Kopf), Dünstzeit: etwa 30 Minuten.

Gebratenes Rotbarschfilet

(Foto)

Zutaten

4 Stücke	Rotbarschfilet (je 160 g)
	Salz
	frisch gemahlener Pfeffer
1	Ei
2 EL	kaltes Wasser
50 g	Weizenmehl
75 g	Semmelbrösel
80 g	Pflanzenfett

Rotbarschfilet unter fließendem kaltem Wasser abspülen, trockentupfen, mit Salz und Pfeffer bestreuen. Ei mit kaltem Wasser verschlagen. Die Filetstücke zunächst mit Mehl bestäuben, dann in dem verschlagenen Ei und zuletzt in Semmelbröseln wenden, Semmelbrösel gut andrücken. Pflanzenfett erhitzen, die Filetstücke in etwa 10 Minuten von beiden Seiten darin goldbraun braten, Fischfilet auf Küchenpapier abtropfen lassen.

Beilage Kartoffelsalat, Remouladensauce.

Tip

Auf dieselbe Weise können auch Seelachs-, Blauleng-, oder Kabeljaufilet zubereitet werden (Bratzeit: 10–12 Minuten) oder Seezungenfilet (Bratzeit: etwa 15 Minuten).

Seezungenröllchen

Zutaten

12–16	Seezungenfilets (etwa 700 g)
375 ml (3/8 l)	trockener Weißwein
	Salz
	frisch gemahlener Pfeffer
6	weiße Pfefferkörner
1 TL	Senfkörner
1 TL	gerebelter Estragon
	Scheiben von
1	Zitrone (unbehandelt)
	Tomatenachtel
	Kresseblättchen

Seezungenfilets unter fließendem kaltem Wasser abspülen und trockentupfen. Weißwein, Salz, Pfeffer, Pfefferkörner, Senfkörner, Estragon und der Hälfte der Zitronenscheiben zum Kochen bringen und 5 Minuten kochen lassen. Die Seezungenfilets aufrollen (die Hautseite nach innen), mit Holzspießchen feststecken, in den Sud geben, zum Kochen bringen und in etwa 5 Minuten gar ziehen lassen. Die garen Seezungenröllchen auf einer vorgewärmten Platte anrichten. Holzspießchen entfernen. Mit restlichen Zitronenscheiben, Tomatenachteln und Kresseblättchen garnieren.

Beilage

Petersilienkartoffeln, Sauce Hollandaise.

Fleisch, Wild, Geflügel

Kalbsnierenbraten in Salbeisauce

(Foto Seite 74/75)

Zutaten

1 kg	gerollter Kalbsnierenbraten (beim Metzger bestellen)
	Salz
	frisch gemahlener Pfeffer
1	Knoblauchzehe
2 EL	feingehackte Salbeiblättchen
1	Zwiebel
1	Möhre
100 g	Knollensellerie
60 g	Butterschmalz
1 EL	Tomatenmark
3 EL	Weißwein
	heißes Wasser
125 ml (⅛ l)	Schlagsahne
1 EL	feingehackte Salbeiblättchen

Kalbsnierenbraten unter fließendem kaltem Wasser abspülen, trockentupfen, mit Salz und Pfeffer würzen. Knoblauch abziehen und fein hacken. Das Fleisch mit Knoblauch und Salbeiblättchen einreiben. Zwiebel abziehen und würfeln. Möhre und Sellerie putzen, schälen, waschen und in Würfel schneiden. Butterschmalz in einem Bräter erhitzen, das Fleisch darin von allen Seiten anbraten, zerkleinertes Gemüse hinzufügen und mitbraten lassen. Tomatenmark unterrühren, kurz miterhitzen, Weißwein hinzufügen. Den Bräter auf dem Rost in den Backofen schieben.

Ober-/Unterhitze	180–200 °C (vorgeheizt)
Heißluft	160–180 °C (nicht vorgeheizt)
Gas	Stufe 3–4 (nicht vorgeheizt)
Bratzeit	etwa 80 Minuten

Das Fleisch ab und zu mit dem Bratenfond begießen, verdampfte Flüssigkeit nach und nach durch heißes Wasser ersetzen. Das gare Fleisch vor dem Schneiden 10 Minuten ruhen lassen, damit sich der Fleischsaft setzt und warm stellen. Bratenfond mit dem Gemüse durch ein Sieb streichen, zum Kochen bringen, etwas einkochen lassen. Sahne hinzugießen, etwas einkochen lassen, Salbeiblättchen unterrühren. Sauce nochmals etwas einkochen lassen, mit Salz und Pfeffer abschmecken. Kalbsnierenbraten in Scheiben schneiden, auf einer vorgewärmten Platte anrichten und die Sauce darüber geben.

Beilage Kartoffelkroketten und Leipziger Allerlei.

Kalbsbraten

mit Zwiebel-Kräuter-Kruste

(Foto)

Zutaten (6 Portionen)

5	Zwiebeln
3	Knoblauchzehen
4	Frühlingszwiebeln
2 EL	Speiseöl
je 1 Bund	Schnittlauch, Kerbel und glatte Petersilie
2	Eier
1–2 EL	Senf
3–4 EL	Semmelbrösel
	Salz
	frisch gemahlener Pfeffer
200 g	Schalotten
1 ½ kg	Kalbsbraten
60 g	Butterschmalz
125 ml (⅛ l)	Weißwein
250 ml (¼ l)	Gemüsebrühe
100 ml	Schlagsahne
	evtl. etwas Weizenmehl

Zwiebeln und Knoblauch abziehen, sehr fein würfeln. Frühlingszwiebeln putzen, waschen und in feine Ringe schneiden. Öl erhitzen, Zwiebel- und Knoblauchwürfel darin andünsten. Frühlingszwiebelringe hinzufügen und kurz mitdünsten. Kräuter abspülen, trockentupfen und fein hacken. Alle Zutaten in eine Schüssel geben. Eier, Senf und Semmelbrösel hinzufügen und vermischen (die Masse darf nicht zu trocken oder zu feucht sein). Mit Salz und Pfeffer würzen.

Schalotten abziehen, größere halbieren. Kalbsbraten unter fließendem kaltem Wasser abspülen, trockentupfen, mit Salz und Pfeffer bestreuen. Butterschmalz in einen Bräter erhitzen und das Fleisch darin rundherum anbraten. Schalotten kurz mit anbraten. Nach und nach Weißwein und Brühe hinzufügen und etwa 45 Minuten mit Deckel schmoren lassen. Die Zwiebel-Kräuter-Masse auf den Braten geben und andrücken. Den Bräter ohne Deckel auf dem Rost in den Backofen schieben.

Ober-/Unterhitze	etwa 220 °C (vorgeheizt)
Heißluft	etwa 200 °C (nicht vorgeheizt)
Gas	Stufe 4–5 (nicht vorgeheizt)
Schmorzeit	etwa 45 Minuten

Das gare Fleisch aus dem Bräter nehmen und etwa 10 Minuten in Alufolie gewickelt ruhen lassen. Die Sahne zu dem Bratensatz geben und etwas einkochen lassen, evtl. durch ein Sieb streichen. Nach Belieben mit etwas mit Wasser angerührtem Mehl binden. Den Braten mit einem elektrischen Messer oder einem scharfem Messer in Scheiben schneiden, auf einer Platte anrichten und mit der Sauce servieren.

Beilage Spätzle.

Gefüllter Kalbsrollbraten

Spinat auftauen lassen und gut ausdrücken. Champignons putzen, mit Küchenpapier abreiben, evtl. abspülen und in Stücke schneiden. 2 Eßlöffel Butterschmalz in einer Pfanne zerlassen, die Champignons darin anbraten, leicht salzen und pfeffern, auf ein Sieb geben und auskühlen lassen. Zwiebel abziehen, fein würfeln und in dem restlichen Butterschmalz andünsten. Spinat hinzufügen, mit Salz, Pfeffer und Koriander würzen und etwa 5 Minuten garen. Ebenfalls abtropfen und auskühlen lassen. Champignons und Spinat mit dem Kalbsbrät vermengen, evtl. nochmals mit Salz und Pfeffer abschmecken. Den Kalbsbraten unter fließendem kaltem Wasser abspülen, trockentupfen, von beiden Seiten salzen und pfeffern und auf der Arbeitsfläche ausbreiten. Mit der ausgekühlten Füllmasse bestreichen, dabei auf der einen Seite einen 4 cm breiten Rand freilassen. Das Fleisch fest und gleichmäßig zu diesem Rand hin aufrollen. Ein ausreichend langes Stück Alufolie (es muß erheblich breiter sein als die Kalbsrolle) auf die Arbeitsfläche legen und das Fleisch fest in der Folie aufrollen. Die Enden der Alufolie entgegengesetzt wie bei einem Bonbon festdrehen. Die Rolle in der Fettfangschale in den Backofen schieben.

Ober-/Unterhitze	180–200 °C (vorgeheizt)
Heißluft	160–180 °C (nicht vorgeheizt)
Gas	Stufe 3–4 (nicht vorgeheizt)
Garzeit	etwa 1½ Stunden

Nach Beendigung der Garzeit den Braten im Ofen noch 10 Minuten in der Folie ruhen lassen.

(8 Portionen)

Zutaten

450 g	tiefgekühlter Blattspinat
500 g	Champignons
3 EL	Butterschmalz
1	mittelgroße Zwiebel
	Salz
	frisch gemahlener Pfeffer
2 Msp.	gemahlener Koriander
400 g	Kalbsbrät
1,6 kg	Kalbsbraten aus der Keule (flaches Stück, vom Metzger zum Aufrollen zuschneiden lassen)

Beilage

Petersilienkartoffeln und Möhrengemüse.

Tip

Mit Sauce Hollandaise reichen.

Zutaten

500 g	Kalbfleisch
250 g	Kalbszunge
1 Bund	Suppengrün
750 ml (3/4 l)	kochendes Salzwasser

Für die Sauce

40 g	Butter oder Margarine
50 g	Weizenmehl
375 ml (3/8 l)	Kalbfleischbrühe
125 ml (1/8 l)	Schlagsahne
100 g	gedünstete Champignons
1 TL	Zitronensaft
6 EL	Weißwein
	Salz
	frisch gemahlener Pfeffer
	Worcestersauce
15 g	Semmelbrösel
30 g	geriebener Käse
20 g	Butter

Ragoût fin in Muscheln

Kalbfleisch und Kalbszunge unter fließendem kaltem Wasser abspülen. Suppengrün putzen, waschen, mit Fleisch und Zunge in kochendes Salzwasser geben, zum Kochen bringen und in etwa 1 Stunde gar kochen lassen. Fleisch und Zunge herausnehmen, in sehr kleine Würfel schneiden. Brühe durch ein Sieb gießen, 375 ml (3/8 l) davon abmessen.
Für die Sauce Butter oder Margarine zerlassen, Mehl unter Rühren so lange darin erhitzen, bis es hellgelb ist. Brühe und Sahne hinzugießen, mit einem Schneebesen durchschlagen und darauf achten, daß keine Klümpchen entstehen. Zum Kochen bringen, etwa 5 Minuten kochen lassen. Champignons in kleine Stücke schneiden, mit dem Fleisch in die Sauce geben und kurz aufkochen lassen. Zitronensaft und Weißwein hinzufügen, mit Salz, Pfeffer und Worcestersauce abschmecken. Die Masse in zehn gesäuberte Jakobsmuscheln oder Ragoût-fin-Förmchen füllen, mit Semmelbröseln und Käse bestreuen, die Butter in Flöckchen darauf setzen. Die Förmchen auf dem Rost in den Backofen schieben.

Ober-/Unterhitze	220–240 °C (vorgeheizt)
Heißluft	200–220 °C (nicht vorgeheizt)
Gas	Stufe 5–6 (vorgeheizt)
Überbackzeit	etwa 15 Minuten

Tip

Ragoût fin als Zwischengericht oder im Reisring als Hauptgericht reichen. Es kann auch in Blätterteigpasteten serviert werden.

Wiener Tafelspitz

Zutaten

1 kg	Rindfleisch aus der Hüfte
2	dicke Möhren
1	Petersilienwurzel
100 g	Knollensellerie
2	Zwiebeln
1 Stange	Porree (Lauch)
4	Petersilienstengel
1	Lorbeerblatt
1 EL	Pfefferkörner
	Salz

Für die Sauce

1	altbackenes Brötchen (Semmel)
125 ml (⅛ l)	Wasser
1 TL	Weißweinessig
3	hartgekochte Eigelb
2	rohe Eigelb
8 EL	Speiseöl
1 Prise	Zucker
4 EL	Schnittlauchröllchen

Rindfleisch unter fließendem kaltem Wasser abspülen. Möhren, Petersilienwurzel und Sellerie putzen, waschen, schälen und in Würfel schneiden. 1 Zwiebel abziehen und würfeln. Porree putzen, gründlich waschen und in Ringe schneiden. Petersilie abspülen. Das Gemüse mit Petersilie, Lorbeerblatt und Pfefferkörnern in einen Topf geben, mit Wasser bedecken, mit Salz würzen und etwa 10 Minuten bei schwacher Hitze garen. Die zweite Zwiebel waschen, trockentupfen, halbieren, mit der Schnittfläche auf eine heiße Herdplatte setzen, bräunen und in die Brühe geben. Fleisch dazugeben und zugedeckt etwa 2 Stunden ziehen (nicht kochen!) lassen.

Für die Sauce Brötchen entrinden, in Stücke schneiden, mit Wasser und Essig begießen, etwa 30 Minuten einweichen und ausdrücken. Gekochtes Eigelb durch ein Sieb streichen, mit dem Brötchen verrühren und durch das Sieb streichen. Die Masse mit dem rohen Eigelb schaumig rühren, tropfenweise Öl unterschlagen. Sauce mit Salz, Pfeffer und Zucker würzen und Schnittlauchröllchen unterziehen.

Das gegarte Fleisch aus der Brühe nehmen, 10 Minuten ruhen lassen und in Scheiben schneiden. Die Brühe etwas einkochen lassen. Fleisch mit Gemüse auf einer Platte anrichten und mit Brühe begießen. Die Sauce getrennt dazu reichen.

Beilage Salzkartoffeln.

Ochsenzunge in Rotweinsauce

Zutaten

1 küchenfertige Ochsenzunge (1 ¼ kg)
1 l kochendes Salzwasser
2 Zwiebeln
1 Lorbeerblatt
Salz
frisch gemahlener Pfeffer
1 Möhre
150 g Knollensellerie
60 g Schweineschmalz
1 EL Weinbrand
1 EL Tomatenmark
250 ml (¼ l) Zungenbrühe
750 ml (¾ l) Rotwein
3 EL Weizenmehl
5 EL kaltes Wasser
3 EL Madeira

Die Ochsenzunge unter fließendem kaltem Wasser abspülen, in kochendes Salzwasser geben. 1 Zwiebel abziehen, in Ringe schneiden, mit dem Lorbeerblatt zur Zunge geben, mit Salz und Pfeffer würzen und etwa 1 Stunde kochen lassen. Die Zunge aus der Brühe nehmen, mit kaltem Wasser abschrecken und enthäuten. Die übrige Zwiebel abziehen und fein hacken. Möhren und Sellerie putzen, waschen, schälen und in kleine Würfel schneiden. Schweineschmalz zerlassen und die Ochsenzunge darin rundum anbraten. Das Gemüse hinzufügen und andünsten. Mit Weinbrand ablöschen. Tomatenmark unterrühren und kurz mitdünsten. Alles in einen Topf umfüllen, Brühe und Rotwein dazugießen und leicht salzen. Die Zunge im geschlossenen Topf noch etwa 1 Stunde garen. Die gare Zunge herausnehmen und warm stellen. Das Mehl mit Wasser anrühren, die Sauce damit binden und mit Madeira, Salz und Pfeffer abschmecken. Zunge in Scheiben schneiden und mit dem Gemüse anrichten.

Beilage Kartoffelpüree.

Rinderfil

Rinderfilet »Wellington«

Zutaten (6 Portionen)

1,2 kg	Rinderfilet
4 EL	Speiseöl
	Salz
	frisch gemahlener Pfeffer
50 g	Butter
100 g	Zwiebeln
600 g	Champignons
125 ml (1/8 l)	Schlagsahne
1 Pck. (300 g)	tiefgekühlter Blätterteig
1	verschlagenes Eiweiß
1	Eigelb
1 TL	Milch

Rinderfilet unter fließendem kaltem Wasser abspülen, trockentupfen und enthäuten. Öl erhitzen, das Fleisch von allen Seiten kurz darin anbraten, mit Salz und Pfeffer würzen, aus der Pfanne nehmen und abkühlen lassen. Butter zerlassen. Zwiebeln abziehen, in Würfel schneiden und in der Butter glasig dünsten lassen. Champignons putzen, mit Küchenpapier abreiben, evtl. abspülen, kleinschneiden, hinzufügen und kurz andünsten. Sahne hinzugießen und einkochen lassen. Die Masse mit Salz und Pfeffer abschmecken und kalt stellen.

Den Blätterteig bei Zimmertemperatur abgedeckt auftauen lassen. Ihn übereinanderlegen und zu einer länglichen Platte in der doppelten Größe des Filets ausrollen (nach Belieben etwas Teig zum Garnieren zurücklassen). Etwas von der Zwiebel-Champignon-Masse in der Länge des Filets in die Mitte des Teiges geben. Das Filet darauf legen, mit der restlichen Zwiebel-Champignon-Masse bedecken. Die Teigränder mit Eiweiß bestreichen, den Teig um das Fleisch schlagen, auf ein mit Wasser abgespültes Backblech legen (glatte Teigseite nach oben) und mit dem zurückgelassenen Teig garnieren. Über die Teigoberseite verteilt 3 etwa pfenniggroße Löcher ausstechen. Eigelb mit Milch verschlagen und die Teigoberfläche damit bestreichen. Das Backblech in den Backofen schieben.

Ober-/Unterhitze	200–220 °C (vorgeheizt)
Heißluft	180–200 °C (nicht vorgeheizt)
Gas	Stufe 3–4 (nicht vorgeheizt)
Garzeit	40–50 Minuten

Beilage

Eine Auswahl von frischem Gemüse und Madeirasauce.

Pikante Rinderrouladen

(Foto)

Zutaten

4 Scheiben	Rindfleisch (je 180 g, aus der Keule)
	Senf
	Salz
	frisch gemahlener Pfeffer
	Paprika edelsüß
2	mittelgroße Gewürzgurken
60 g	durchwachsener Speck
2	Zwiebeln
2 EL	Schweineschmalz
1 Bund	Suppengrün
	heißes Wasser
etwa 125 ml ($^1/_8$ l)	Rotwein oder Fleischbrühe
1–2 EL	Crème fraîche
	Weinbrand

Rindfleisch leicht klopfen, mit Senf bestreichen, mit Salz, Pfeffer und Paprika bestreuen. Gewürzgurken und Speck in Streifen schneiden. Zwiebeln abziehen, halbieren und in Scheiben schneiden. Zutaten auf die Fleischscheiben geben, von der schmalen Seite her aufrollen und mit einer Rouladennadel oder Küchengarn zusammenhalten. Schweineschmalz in einem Schmortopf erhitzen, die Rouladen von allen Seiten gut darin anbraten. Suppengrün putzen, waschen, kleinschneiden, zu den Rouladen geben, kurz mit anbraten. Etwas heißes Wasser hinzufügen und die Rouladen etwa 1½ Stunden schmoren lassen, von Zeit zu Zeit wenden. Verdampfte Flüssigkeit nach und nach durch Rotwein oder Brühe ersetzen. Die Nadeln aus den garen Rouladen ziehen oder das Küchengarn entfernen. Schmorflüssigkeit mit dem Suppengrün durch ein Sieb streichen, Crème fraîche unterrühren und einmal aufkochen lassen. Sauce mit Salz, Pfeffer, Paprika und Weinbrand abschmecken.

Beilage

Salzkartoffeln, Blumenkohl oder Rotkohl.

Laubfrösche

Zutaten

- 500 g frischer Blattspinat
- 600 g Hackfleisch vom Kalb
- 1 Ei
- 1 Zwiebel, in Würfel geschnitten
- 4 EL Semmelbrösel
- 1 EL mittelscharfer Senf
- Salz
- frisch gemahlener Pfeffer
- 200 ml heißer Gemüsefond oder -brühe
- 4 EL Tomatenwürfel

Blattspinat putzen, waschen, kurz blanchieren, in Eiswasser abschrecken, auf ein Küchentuch geben und abtropfen lassen. Hackfleisch mit Ei, Zwiebelwürfeln und Semmelbröseln mischen, mit Senf, Salz und Pfeffer würzen. Aus der Hackfleischmasse 24 Medaillons formen, in den Blattspinat wickeln und in eine gefettete Auflaufform legen. Mit Gemüsefond angießen, Tomatenwürfeln in den Fond geben und die Auflaufform auf dem Rost in den Backofen schieben.

Ober-/Unterhitze	etwa 180 °C (vorgeheizt)
Heißluft	etwa 160 °C (nicht vorgeheizt)
Gas	etwa Stufe 3 (vorgeheizt)
Garzeit	etwa 20 Minuten

Beilage Spätzle.

Pochiertes Rinderfilet

Zutaten

1 Bund	kleine Möhren (500 g)
200 g	weiße Rübchen
1 Bund	Frühlingszwiebeln
3 Stangen	Staudensellerie (150 g)
2 l	kräftige Rinderbrühe
800 g	Rinderfilet (Mittelstück)
1 Bund	glatte Petersilie

Möhren und weiße Rübchen putzen, schälen, in Stücke schneiden und waschen. Frühlingszwiebeln und Staudensellerie putzen, die harten Außenfäden des Staudenselleries abziehen. Das Gemüse waschen und in große Stücke schneiden. Die Rinderbrühe in einem flachen Topf aufkochen. Das Rinderfilet von Fett und Sehnen befreien, unter fließendem kaltem Wasser abspülen, trockentupfen. Mit Küchengarn binden, einen Faden lang lassen. Das Gemüse (bis auf die Frühlingszwiebeln) in die heiße Brühe geben. Das Filet dazugeben, den Faden um einen Holzlöffel binden, den Holzlöffel quer über den Topf legen. Das Filet in der leise siedenden, nicht kochenden Brühe 20 Minuten pochieren. 5 Minuten vor Ende der Garzeit die Frühlingszwiebeln mit in die Brühe geben. Das Fleisch ruhen lassen, damit sich der Fleischsaft setzen kann. In der Zwischenzeit das Gemüse auf einer Platte anrichten. Das Filet in Scheiben schneiden und auf das Gemüse legen. Petersilie abspülen, trockentupfen, die Blättchen von den Stengeln zupfen, fein hacken und über das Gemüse streuen.

Beilage Salzkartoffeln und Sauce Hollandaise.

Böhmischer Filetbraten

(8 Portionen)

Zutaten

1,6 kg	Rinderfilet
	Salz
	frisch gemahlener Pfeffer
200 g	durchwachsener Speck
200 g	Möhren
200 g	Knollensellerie
2 Stangen	Porree (Lauch)
200 g	Zwiebeln
2 EL	Butterschmalz
125 ml (1/8 l)	Fleischbrühe
4 EL	Madeira
200 g	Schmand
½ Bund	Kerbel
1 TL	gehackter Majoran

Rinderfilet unter fließendem kaltem Wasser abspülen, trockentupfen und rundherum mit Salz und Pfeffer bestreuen. Speck in dünne Scheiben schneiden, um das Filet legen und mit Küchengarn festbinden. Möhren und Sellerie putzen, schälen, waschen. Porree putzen und waschen. Die 3 Zutaten in kleine Stücke schneiden. Zwiebeln schälen und achteln. Das Filet in einen mit Butterschmalz gefetteten Bräter legen, den Bräter auf dem Rost in den Backofen schieben.

Ober-/Unterhitze	etwa 230 °C (vorgeheizt)
Heißluft	etwa 200 °C (nicht vorgeheizt)
Gas	etwa Stufe 4 (nicht vorgeheizt)
Bratzeit	etwa 40 Minuten

Nach 15 Minuten Bratzeit das vorbereitete Gemüse hinzufügen, kurz mit anbraten lassen, dann die Temperatur auf etwa 200 °C (Heißluft: etwa 180 °C; Gas: Stufe 3–4) herunterschalten. Mit Madeira ablöschen. Das gare Fleisch herausnehmen, 10 Minuten ruhen lassen und warm stellen. Den Bratensatz mit dem Gemüse durch ein Sieb streichen, aufkochen lassen, Schmand, fein geschnittenen Kerbel und Majoran unterrühren und kräftig mit Salz und Pfeffer abschmecken. Das Filet in Scheiben schneiden, mit Kerbel garnieren und mit der Sauce servieren.

Beilage

Serviettenknödel, gedünstete Pfifferlinge und gebratene Apfelscheiben.

Hackbraten (Falscher Hase)

(Foto)

(6 Portionen)

Zutaten

2	altbackene Brötchen (Semmeln)
2	mittelgroße Zwiebeln
750 g	Gehacktes (halb Rind-, halb Schweinefleisch)
2	Eier
1 geh. TL	Senf
1 EL	gehackte Petersilie
	Salz
	frisch gemahlener Pfeffer
100 g	durchwachsener Speck
	heißes Wasser
1	mittelgroße Zwiebel
1	mittelgroße Tomate
25 g	Weizenmehl
3 EL	kaltes Wasser

Brötchen in kaltem Wasser einweichen. Zwiebeln abziehen, fein würfeln.
Gehacktes mit den gut ausgedrückten Brötchen, den Zwiebelwürfeln, Eiern, Senf und Petersilie vermengen, mit Salz und Pfeffer abschmecken. Aus der Masse mit nassen Händen einen länglichen Kloß formen, in eine mit Wasser ausgespülte Fettfangschale legen. Den Speck in feine Streifen schneiden, den Kloß damit belegen und gut mit einem Messer andrücken oder mit Küchengarn zusammenbinden. Die Fettfangschale in den Backofen schieben.

Ober-/Unterhitze	180–200 °C (vorgeheizt)
Heißluft	160–180 °C (nicht vorgeheizt)
Gas	Stufe 3–4 (nicht vorgeheizt)
Bratzeit	etwa 1 Stunde

Sobald der Bratensatz bräunt, etwas heißes Wasser hinzugießen. Fleisch ab und zu mit dem Bratensatz begießen, verdampfte Flüssigkeit nach und nach durch heißes Wasser ersetzen. Zwiebel abziehen. Tomate waschen, Stengelansatz entfernen. Beide Zutaten vierteln, 30 Minuten vor Beendigung der Bratzeit in die Fettfangschale geben und mitbraten lassen. Das gare Fleisch in Scheiben schneiden, auf einer vorgewärmten Platte anrichten und warm stellen. Bratensatz mit etwas Wasser loskochen, durch ein Sieb gießen, mit Wasser auf 250 ml (¼ l) auffüllen und auf der Kochstelle zum Kochen bringen. Mehl mit kaltem Wasser anrühren, die Flüssigkeit damit binden. Sauce mit Salz und Pfeffer abschmecken.

Abwandlung Als Füllung weichgekochte Eier oder Möhren verwenden.

Rheinischer Sauerbraten

(8 Portionen)

Zutaten

2 kg	Rindfleisch aus der Keule, ohne Knochen
2 EL	Pflanzenfett
2 EL	Zuckerrübensirup
2 EL	Preiselbeeren

Für die Marinade

2	Möhren
3	Petersilienwurzeln
1	kleines Stück Knollensellerie
1	Zwiebel
	Salz
2	Lorbeerblätter
½ TL	Pfefferkörner
½ TL	Senfkörner
3	Nelken
1	Knoblauchzehe
1	Zweig Thymian
5	Pimentkörner
375 ml (⅜ l)	Kräuter- oder Weinessig
1 l	Rotwein

Für die Sauce

2 EL	Crème fraîche
100 g	Rosinen, in Wasser eingeweicht
4 EL	gehobelte, gebräunte Mandeln
	Salz
	frisch gemahlener Pfeffer

Für die Marinade Gemüse putzen, waschen und in Stücke schneiden. Alle Zutaten für die Marinade in einen Topf geben und verrühren. Das Fleisch unter fließendem kaltem Wasser abspülen, trockentupfen und etwa 4 Tage in der Marinade einlegen. Den Braten aus der Marinade nehmen, die Marinade auf ein Sieb geben, die Flüssigkeit dabei auffangen. Pflanzenfett in einen passenden Bräter geben und erhitzen. Das abgetropfte, trockengetupfte Fleisch von allen Seiten scharf darin anbraten. Das ebenfalls gut abgetropfte Gemüse aus der Marinade kurz mitbraten lassen. Nun Zuckerrübensirup und Preiselbeeren zugeben. Mit etwa 750 ml (¾ l) der Marinade ablöschen. Das Fleisch 2½–3 Stunden schmoren lassen. Verdampfte Flüssigkeit nach und nach durch Marinade ergänzen. Das gare Fleisch herausnehmen, 10 Minuten ruhen lassen, dann in dünne Scheiben schneiden und warm stellen. Die Sauce durch ein Sieb streichen und Crème fraîche einrühren. Rosinen abtropfen lassen, gut ausdrücken und mit den Mandeln hinzugeben. Die Sauce mit Salz und Pfeffer abschmecken. Zum Servieren die Fleischscheiben mit der Sauce überziehen.

Beilage Kartoffelknödel, Rotkohl, Apfelmus und Preiselbeeren.

Tip Die Sauce nach Belieben mit etwas angerührter Speisestärke binden.

Schlesischer Schwärtelbraten

(Foto)

Zutaten (6 Portionen)

2 kg	Schweineschulter mit Schwarte
	Salz
	frisch gemahlener Pfeffer
3 EL	Speiseöl
1 EL	frische Rosmarinnadeln
	heißes Wasser
125 ml (1/8 l)	helles Bier
2 EL	Weizenmehl
4 EL	Weißwein
1 Prise	Zucker

Schweineschulter unter fließendem kaltem Wasser abspülen und trockentupfen. Die Schwarte so einschneiden, daß Quadrate entstehen. Das Fleisch mit Salz und Pfeffer einreiben, mit Öl bestreichen, mit Rosmarinnadeln bestreuen und mit der Schwarte nach oben auf den gefetteten Rost einer mit Wasser ausgespülten Rostbratpfanne legen. Die Rostbratpfanne in den Backofen schieben.

Ober-/Unterhitze	200–220 °C (vorgeheizt)
Heißluft	180–200 °C (nicht vorgeheizt)
Gas	Stufe 3–4 (nicht vorgeheizt)
Bratzeit	2–2 1/2 Stunden

Sobald der Bratensatz bräunt, etwas heißes Wasser hinzugießen, das Fleisch ab und zu mit dem Bratensatz begießen, verdampfte Flüssigkeit nach und nach ersetzen. Etwa 30 Minuten vor Beendigung der Bratzeit das Fleisch mehrmals mit hellem Bier bestreichen, damit die Kruste schön kroß und braun wird. Den garen Braten 10 Minuten ruhen lassen, in Scheiben schneiden und auf einer vorgewärmten Platte anrichten. Den Bratensatz mit Wasser loskochen, durch ein Sieb geben und zum Kochen bringen. Mehl mit Weißwein anrühren und den Bratensatz damit binden. Sauce mit Salz, Pfeffer und Zucker abschmecken und zu dem Fleisch reichen

Beilage Kartoffelklöße, Rotkohl.

Tip
Nach Belieben 3–4 Eßlöffel Schlagsahne unter die Sauce rühren.

Burgunderschinken

Zutaten (10 Portionen)

3 kg	Burgunderschinken mit Schwarte
15	Gewürznelken
2–3	Knoblauchzehen
1–2	zerkleinerte Lorbeerblätter
3	große Zwiebeln
3	große Tomaten
	heißes Wasser
	Zucker
	Weizenmehl
	kaltes Wasser
	Salz
	frisch gemahlener Pfeffer

Schinken unter fließendem kaltem Wasser abspülen, trockentupfen, die Haut an verschiedenen Stellen einritzen, Nelken hineinstecken. Knoblauch abziehen, in Stifte schneiden, mit den Lorbeerblättern zwischen die Schwarteneinschnitte geben. Zwiebeln abziehen. Tomaten waschen, abtrocknen, die Stengelansätze entfernen. Zwiebeln und Tomaten vierteln oder achteln, mit dem Schinken in die Fettpfanne geben. Die Fettpfanne in den Backofen schieben.

Ober-/Unterhitze	etwa 220 °C (vorgeheizt)
Heißluft	etwa 200 °C (nicht vorgeheizt)
Gas	Stufe 4–5 (nicht vorgeheizt)
Garzeit	etwa $2^1/_2$ Stunden

Sobald der Bratensatz bräunt, heißes Wasser hinzugießen, verdampfte Flüssigkeit nach und nach ersetzen (wenn der Schinken zu stark bräunt, ihn mit Alufolie abdecken). Etwa 30 Minuten vor Beendigung der Bratzeit die Schinkenschwarte mit Zucker bestreuen. Den garen Schinken in Scheiben schneiden, auf einer vorgewärmten Platte anrichten oder im Ganzen auf den Tisch bringen und erst dann in Scheiben schneiden. Den Bratensatz mit Wasser loskochen, durch ein Sieb streichen. Nach Belieben etwas Mehl mit kaltem Wasser anrühren und den Bratensatz damit binden. Sauce mit Salz und Pfeffer abschmecken und getrennt zu dem Schinken reichen.

Beilage

Stangenweißbrot, Salat.

Tip

Burgunderschinken ist ein gepökelter, leicht geräucherter Schinken, der eine Woche vor Verwendung beim Metzger bestellt werden muß. Die Schwarte vom Metzger gitterartig einschneiden lassen.

Schweinerücken in Altbiersauce

(Foto) *(8 Portionen)*

Zutaten

1,6 kg	Kotelettstrang (mit Knochen)
	Salz
	frisch gemahlener Pfeffer
1 TL	gemahlener Kümmel
3	Zwiebeln
1	Knoblauchzehe
4	Möhren
150 g	Knollensellerie
250 ml (¼ l)	Altbier
250 ml (¼ l)	Malzbier
150 g	kalte Butter

Die Knochen vom Fleisch lösen und kleinhacken. Das Fleisch unter fließendem kaltem Wasser abspülen, trockentupfen, mit Salz, Pfeffer und Kümmel würzen und in einen Bräter legen. Zwiebeln und Knoblauch abziehen und würfeln. Möhren und Sellerie waschen, schälen, kleinschneiden. Knochen und Gemüse zu dem Fleisch geben. Den Bräter auf dem Rost in den Backofen schieben.

Ober-/Unterhitze	etwa 200 °C (vorgeheizt)
Heißluft	etwa 180 °C (nicht vorgeheizt)
Gas	Stufe 3–4 (nicht vorgeheizt)
Bratzeit	etwa 80 Minuten

Während der Bratzeit nach und nach das Bier hinzufügen und das Fleisch mit dem Bratensatz begießen. Das gare Fleisch herausnehmen und warm stellen. Für die Sauce die Knochen, Gemüse und Bratensatz durch ein Sieb geben, evtl. etwas einkochen lassen. Butter nach und nach in Stückchen unterschlagen, bis die Sauce sämig ist. Evtl. nochmals mit Pfeffer und Salz abschmecken. Das Fleisch in Scheiben schneiden und mit der Sauce servieren.

Schweinerollbraten

(6 Portionen)

Zutaten

1½ kg	Schweinerollbraten
	Salz
	frisch gemahlener Pfeffer
5 EL	Speiseöl
2	Knoblauchzehen
3 EL	Tomatenmark
	heißes Wasser
125 ml (⅛ l)	Schlagsahne

Schweinerollbraten unter fließendem kaltem Wasser abspülen, trockentupfen, mit Salz und Pfeffer einreiben. Öl erhitzen, das Fleisch von allen Seiten darin anbraten und herausnehmen. Knoblauch abziehen, in das Bratfett geben. Tomatenmark hinzufügen, das Fleisch hineingeben, im geschlossenen Topf etwa 2 Stunden schmoren lassen, dabei ab und zu wenden und etwas heißes Wasser hinzufügen.

Den garen Braten herausnehmen, 10 Minuten ruhen lassen, in Scheiben schneiden, auf einer vorgewärmten Platte anrichten und warm stellen. Den Bratensatz mit etwas Wasser loskochen, Sahne hinzufügen und durch ein Sieb geben. Sauce mit Salz abschmecken, über das Fleisch geben oder getrennt reichen.

Beilage

Junge Erbsen, grüne Bohnen, Kartoffelklöße.

e r s a u c e

Kasselerrücken in Blätterteig

Zutaten

300 g	(5 Platten) tiefgekühlter Blätterteig
150 g	tiefgekühlter Blattspinat
800 g	Kasseler (ohne Knochen)
3 EL	Speiseöl
2	Schalotten
1	Knoblauchzehe
30 g	Butter oder Margarine
	Salz
	frisch gemahlener Pfeffer
	geriebene Muskatnuß
	Weizenmehl
1	Eigelb
1 EL	Milch

Für die Sauce

1 Becher (150 g)	Crème fraîche
75 g	Magerjoghurt
2–3 EL	gehackte Kräuter
	Salz
	frisch gemahlener Pfeffer
	Zitronensaft

Blätterteig abgedeckt bei Zimmertemperatur auftauen lassen. Spinat auftauen lassen. Kasseler unter fließendem kaltem Wasser abspülen und trockentupfen. Öl erhitzen, das Fleisch darin rundherum anbraten und abkühlen lassen. Schalotten und Knoblauch abziehen und würfeln. Butter oder Margarine zerlassen, Schalotten- und Knoblauchwürfel darin andünsten. Den gut ausgedrückten Spinat hinzufügen, etwa 10 Minuten darin dünsten lassen. Mit Salz, Pfeffer und Muskatnuß würzen, abkühlen lassen und auf das Fleisch geben. 4 Teigplatten auf eine mit Mehl bestäubte Arbeitsfläche legen, zu einer Platte ausrollen, das Fleisch mit der Spinatmasse darauf legen, sorgfältig mit dem Teig umwickeln, die Ränder gut andrücken. Eigelb mit Milch verschlagen, die Teigoberfläche damit bestreichen. Aus der restlichen Teigplatte Motive ausstechen, die Teigoberfläche damit garnieren. Die Teigmotive ebenfalls mit verschlagenem Eigelb bestreichen. Das Fleischpaket auf ein mit kaltem Wasser abgespültes Backblech legen und das Backblech in den Backofen schieben.

Ober-/Unterhitze	170–200 °C (vorgeheizt)
Heißluft	150–180 °C (nicht vorgeheizt)
Gas	Stufe 3–4 (nicht vorgeheizt)
Garzeit	etwa 45 Minuten

Für die Sauce Crème fraîche mit Joghurt verrühren, Kräuter unterrühren, mit Salz, Pfeffer und Zitronensaft abschmecken und zu dem aufgeschnittenen Fleisch reichen.

Beilage Kartoffelpüree.

Tip Kleine Löcher in die Teigoberfläche einstechen, damit der Dampf entweichen kann.

Kasseler Rippenspeer

Zutaten (6 Portionen)

1½ kg	Kasseler Rippenspeer (mit Knochen)
1	Zwiebel
1	Tomate
1 Bund	Suppengrün
1	kleines Lorbeerblatt
4	Gewürznelken
	heißes Wasser
25 g	Weizenmehl
½ Becher (75 g)	Crème fraîche
	Salz
	frisch gemahlener Pfeffer

Kasseler von den Knochen lösen, Knochen etwas zerkleinern, Fleisch unter fließendem kaltem Wasser abspülen, trockentupfen, die Fettschicht gitterförmig einschneiden. Zwiebel abziehen, Tomate waschen, den Stengelansatz herausschneiden. Das Suppengrün putzen und waschen. Die drei Zutaten klein schneiden. Das Fleisch mit der Fettschicht nach oben in eine mit Wasser ausgespülte Fettfangschale legen. Gemüse, Knochen, Lorbeerblatt und Gewürznelken hinzugeben, die Fettfangschale in den Backofen schieben.

Ober-/Unterhitze	200–220 °C (vorgeheizt)
Heißluft	180–200 °C (nicht vorgeheizt)
Gas	Stufe 3–4 (nicht vorgeheizt)
Bratzeit	50–60 Minuten

Sobald der Bratensatz bräunt, etwas heißes Wasser hinzugießen. Das Fleisch ab und zu mit dem Bratensatz begießen. Die verdampfte Flüssigkeit nach und nach durch heißes Wasser ersetzen. Das gare Fleisch in Scheiben schneiden, auf einer vorgewärmten Platte anrichten. Den Bratensatz mit etwas Wasser loskochen, mit dem Gemüse durch ein Sieb streichen, mit Wasser auf 375 ml (3/8 l) auffüllen und auf der Kochstelle zum Kochen bringen. Mehl mit Crème fraîche verrühren und die Flüssigkeit damit binden. Die Sauce mit Salz und Pfeffer abschmecken.

Beilage Gefüllte Birnen- und Pfirsichhälften, Kroketten oder Sauerkraut und Kartoffelpüree.

Zutaten

800 g	Schweinefilet
	Salz
	frisch gemahlener Pfeffer
2 EL	Wasser
1	Ei
100 g	abgezogene, gehobelte Mandeln
40 g	Butterschmalz
	Brunnenkresse

Für die Sauce

3 EL	Salatmayonnaise
2 EL	Crème fraîche
2	enthäutete Tomaten
1	Gewürzgurke
1 TL	zerdrückte, grüne Pfefferkörner
1 EL	gehackter Dill
	frisch gemahlener Pfeffer

Mandelmedaillons

Schweinefilet evtl. enthäuten, unter fließendem kaltem Wasser abspülen und trockentupfen. Filet in 1½–2 cm dicke Scheiben schneiden, mit Salz und Pfeffer würzen. Filetscheiben zunächst in dem mit Wasser verschlagenen Ei, dann in Mandeln wenden, Mandeln gut andrücken. Butterschmalz erhitzen, die Filetscheiben darin von beiden Seiten 5–7 Minuten braten. Die Medaillons auf einer Platte anrichten und mit Brunnenkresse garnieren.
Für die Sauce Mayonnaise mit Crème fraîche verrühren, Tomaten und Gewürzgurke in Würfel schneiden, mit Pfefferkörnern und Dill unterrühren, die Sauce mit Pfeffer abschmecken und zu den Medaillons reichen.

Beilage Petersilienkartoffeln und Spargel mit Sauce Hollandaise.

Tip Die Mandelmedaillons schmecken auch kalt sehr gut und eignen sich besonders gut für ein Buffet.

Schweineschnitzel Holsteiner Art

Zutaten

4	Schweineschnitzel (je etwa 150 g)
	Salz
	frisch gemahlener Pfeffer
1 gestr. EL	Weizenmehl
1	verschlagenes Ei
50 g	Semmelbrösel
60 g	Butterschmalz oder Margarine
4	Eier
4	gewässerte Sardellenfilets
	Paprika edelsüß
	Mixed Pickles
	Petersilie

Schweineschnitzel leicht flachklopfen, mit Salz und Pfeffer bestreuen. Schnitzel zunächst in Mehl, dann in verschlagenem Ei und zuletzt in Semmelbröseln wenden. Die Hälfte des Butterschmalzes oder der Margarine erhitzen, die Schnitzel etwa 10 Minuten von beiden Seiten darin braten, auf einer vorgewärmten Platte anrichten und warm stellen. Restliches Butterschmalz oder Margarine zerlassen. Eier aufschlagen, nebeneinander in das Fett gleiten lassen und so lange erhitzen, bis die Eier fest sind. Auf jedes Schnitzel ein fertiges Spiegelei setzen. Je 1 Sardellenfilet um jedes Eigelb legen, mit Paprika bestreuen, mit Mixed Pickles und Petersilie garnieren.

Beilage

Petersilienkartoffeln, grüner Salat oder Kartoffelsalat.

Abwandlung Wiener Schnitzel

Für ein Wiener Schnitzel die Schnitzel ohne Eier, Sardellenfilets und Mixed Pickles zubereiten und mit je einer Zitronenspalte und etwas Petersilie anrichten. Ein original Wiener Schnitzel wird übrigens aus Fleisch aus der Kalbsoberschale zubereitet.

Zutaten (8 Portionen)

1,6 kg	Lammkeule ohne Knochen (vom Metzger in Form gebunden)
	Salz
	frisch gemahlener Pfeffer
	gerebelter Oregano
4	Knoblauchzehen
2	Zwiebeln
2	Tomaten
2 EL	Butterschmalz
200 ml	Rotwein
125 ml (1/8 l)	Wasser
125 ml (1/8 l)	Schlagsahne

Für die Joghurtsauce

2	Knoblauchzehen
1 Bund	Zitronenmelisse
500 g	Sahnejoghurt
1 EL	Speiseöl
	Salz
	Cayennepfeffer

Lammrollbraten mit Joghurtsauce

Lammkeule unter fließendem kaltem Wasser abspülen, trockentupfen und mit Salz, Pfeffer und Oregano bestreuen. Knoblauch abziehen, halbieren, Zwiebeln abziehen und in Stücke schneiden, Tomaten waschen, halbieren, Stengelansätze herausschneiden, Tomaten in Stücke schneiden. Butterschmalz in einem Bräter zerlassen, das Fleisch darin von allen Seiten anbraten. Knoblauch, Zwiebeln und Tomaten hinzufügen. Den Bräter auf dem Rost in den Backofen schieben.

Ober-/Unterhitze	etwa 170 °C (vorgeheizt)
Heißluft	etwa 150 °C (nicht vorgeheizt)
Gas	etwa Stufe 3 (nicht vorgeheizt)
Bratzeit	etwa 100 Minuten

Nach und nach Rotwein und Wasser hinzufügen. Den garen Braten herausnehmen, in Alufolie wickeln und warm stellen. Den Fond durch ein Sieb in einen Topf geben, Sahne unterrühren, etwas einkochen lassen und abschmecken.

Für die Joghurtsauce Knoblauch abziehen und durch die Presse geben. Zitronenmelisse abspülen, trockentupfen, die Blättchen von den Stengeln zupfen und in feine Streifen schneiden (einige Blättchen zum Verzieren zurücklassen). Joghurt mit Knoblauch und Öl verrühren, mit Salz und Cayennepfeffer abschmecken. Zitronenmelisse unterrühren.

Den Lammbraten aufschneiden und auf einer Platte anrichten. Die Joghurtsauce getrennt dazu servieren.

Beilage Kartoffelkroketten.

Tip Den Braten auf Bohnen-Zwiebel-Gemüse anrichten.

Lammkeule

Zutaten

1	Lammkeule (1 ½ kg)
	Salz
	frisch gemahlener Pfeffer
4 EL	Speiseöl
1	Knoblauchzehe
	gerebelter Rosmarin
	(oder frische Rosmarinnadeln)
2	mittelgroße Zwiebeln
3	Tomaten
125 ml (⅛ l)	Rotwein
125 ml (⅛ l)	Fleischbrühe

Lammkeule unter fließendem kaltem Wasser abspülen, trockentupfen, mit Salz und Pfeffer einreiben. Öl in einem Bräter erhitzen, die Keule von allen Seiten gut darin anbraten. Knoblauch abziehen, durch die Knoblauchpresse drücken. Die Keule mit dem Knoblauchmus bestreichen, mit Rosmarin bestreuen. Keule aus dem Bräter nehmen. Zwiebeln abziehen und vierteln. Tomaten waschen, vierteln und die Stengelansätze herausschneiden. Beide Zutaten in das Bratfett geben, gut anbraten. Die Keule, Rotwein und Brühe dazugeben. Den Bräter auf dem Rost in den Backofen schieben.

Ober-/Unterhitze	etwa 170 °C (vorgeheizt)
Heißluft	etwa 150 °C (nicht vorgeheizt)
Gas	Stufe 3–4 (nicht vorgeheizt)
Bratzeit	etwa 1 ½ Stunden

Verdampfte Flüssigkeit nach und nach durch heiße Brühe ersetzen. Das gare Fleisch vor dem Schneiden etwa 10 Minuten ruhen lassen, damit sich der Fleischsaft setzt. Fleisch in Scheiben schneiden, auf einer vorgewärmten Platte anrichten. Bratensatz mit dem Gemüse durch ein Sieb passieren, evtl. etwas einkochen lassen, mit Salz und Pfeffer abschmecken und zu dem Fleisch reichen.

Beilage

Herzoginkartoffeln, grüne Bohnen.

Tip

Das gut angebratene Fleisch kann auch im Backofen (Ober-/Unterhitze: 80 °C, vorgeheizt; Heißluft: 70 °C, nicht vorgeheizt) in etwa 4 Stunden garen. Die Temperatur muß bei dieser Garmethode genau eingehalten werden, dafür evtl. ein Fleischthermometer benutzen.

Hirschragout mit Pilzen

(Foto)

Zutaten

800 g	Hirschfleisch (ohne Knochen)
75 g	durchwachsener Speck
3 EL	Speiseöl
1	mittelgroße Zwiebel
	Salz
	frisch gemahlener Pfeffer
4	Wacholderbeeren
3	Gewürznelken
2 Msp.	gerebelter Thymian
250 ml (¼ l)	heißes Wasser oder Wildfond
250 g	Champignons oder Pfifferlinge
2 EL	Johannisbeergelee
2 EL	Portwein
50 g	kalte Butter

Das Hirschfleisch unter fließendem kaltem Wasser abspülen, trockentupfen, evtl. enthäuten und das Fleisch in Würfel schneiden. Speck in kleine Würfel schneiden. Öl erhitzen, die Speckwürfel darin auslassen. Das Fleisch hinzufügen und von allen Seiten gut darin anbraten. Zwiebel abziehen, würfeln, hinzufügen und mitbräunen lassen. Salz, Pfeffer, Wacholderbeeren, Gewürznelken, Thymian, Wasser oder Wildfond hinzugeben und das Fleisch darin etwa 70 Minuten schmoren lassen. Die verdampfte Flüssigkeit nach und nach durch heißes Wasser oder Wildfond ersetzen. Pilze putzen, mit Küchenpapier abreiben, abspülen, trockentupfen und etwa 5 Minuten vor Beendigung der Schmorzeit zu dem Ragout geben. Johannisbeergelee und Portwein unterrühren, das Ragout mit der kalten Butter binden und mit Salz und Pfeffer abschmecken.

Beilage

Kartoffelklöße, Spätzle, Rotkohl, Rosenkohl, Preiselbeerkompott.

Hasenterrine

Zutaten (8 Portionen)

1	entbeinter Hase (etwa 1 kg Fleisch)
3 EL	Speiseöl
250 g	Kalbfleisch
250 g	Schweinefleisch
125 g	durchwachsener Speck
125 g	fetter Speck
2	abgezogene Schalotten
	gerebelter Thymian
	feingehackter Estragon
	Salz
	frisch gemahlener Pfeffer
	geriebene Muskatnuß
2 EL	Weinbrand
1	Ei
5 EL	Schlagsahne
etwa 8	Lorbeerblätter
1	Zweig Thymian

Filets und die ausgelösten Rückenstreifen des Hasen unter fließendem kaltem Wasser abspülen, trockentupfen und in grobe Würfel schneiden. Öl erhitzen, das gewürfelte Fleisch darin von allen Seiten anbraten. Das übrige Fleisch zusammen mit Kalbfleisch, Schweinefleisch und Speck sowie den Schalotten durch die grobe Scheibe des Fleischwolfes drehen. Dann nacheinander die Masse durch die feine Scheibe des Fleischwolfes drehen. Kräuter und Gewürze zufügen. Weinbrand, Ei und Sahne zugeben. Die Fleischmasse und die Hasenfleischwürfel verkneten. In eine gut mit Öl ausgestrichene Porzellanform oder Pastetenform (Ø 16–18 cm) fest eindrücken, obenauf die Lorbeerblätter und den abgespülten Thymianzweig legen. Die Form zuerst mit einem Blatt Pergamentpapier, dann mit mehrfach gelochter Alufolie fest verschließen. Kochendes Wasser in die Fettfangschale des Backofens geben, so daß die Form weitmöglichst im Wasser steht.

Ober-/Unterhitze	etwa 180 °C (vorgeheizt)
Heißluft	etwa 160 °C (nicht vorgeheizt)
Gas	etwa Stufe 3 (nicht vorgeheizt)
Garzeit	1–1½ Stunden

Die Terrine aus dem Backofen nehmen. Das Fleisch mit einem möglichst passenden Brett bedecken, dann mit einem großen Stein oder Konservendosen beschweren und abkühlen lassen.

Tip Mit Cumberlandsauce (siehe Seite 25) servieren.

Hirschrückenfilet mit Haselnußkruste

Zutaten

1 kg	Hirschknochen
1 Bund	Suppengrün
100 g	Butterschmalz
100 ml	Rotwein
5	Wacholderbeeren
3 EL	Essig
500 ml	Wasser
1 EL	Cognac
3 EL	Portwein
1 EL	Gin
	Salz
	frisch gemahlener Pfeffer
750 g	Hirschrückenfilet

Für die Haselnußkruste

75 g	Butterschmalz
100 g	gemahlene Haselnußkerne
	Salz
1 Prise	Zucker
2	Eigelb
100 g	Semmelbrösel

Hirschknochen unter fließendem kaltem Wasser abspülen, trockentupfen und kleinhacken. Suppengrün putzen, waschen und kleinschneiden. 30 g Butterschmalz erhitzen, Knochen und Suppengrün darin anbraten. Rotwein, Wacholderbeeren und Essig dazugeben, mit Wasser auffüllen und etwa 1 Stunde köcheln lassen. Die Flüssigkeit durch ein Sieb gießen, auf die Hälfte einkochen lassen. Cognac, Portwein und Gin dazugeben, 20 g Butterschmalz (das Butterschmalz muß eiskalt sein) flöckchenweise einschlagen, mit Salz, Pfeffer und Portwein abschmecken und warm stellen.
Hirschrückenfilet enthäuten, unter fließendem kaltem Wasser abspülen, trockentupfen und in dem restlichen Butterschmalz von allen Seiten anbraten.
Für die Haselnußkruste Butterschmalz schaumig rühren, Haselnüsse, Salz, Zucker, Eigelb und Semmelbrösel darunterziehen, so daß eine streichfähige Masse entsteht. Die Masse auf das Filet streichen, das Fleisch auf die Fettfangschale setzen und in den Backofen schieben.

Ober-/Unterhitze	etwa 200 °C (vorgeheizt)
Heißluft	etwa 180 °C (nicht vorgeheizt)
Gas	etwa Stufe 4 (vorgeheizt)
Garzeit	15–20 Minuten

Das Hirschrückenfilet etwa 10 Minuten ruhen lassen, in Scheiben schneiden und mit der Sauce servieren.

Beilage

Spätzle, Rosenkohl oder pochierte Birnen mit Quittengelee.

Rehsteaks mit Mandelstiften

Zutaten

4	Rehsteaks (je etwa 125 g, 2 cm dick, aus der Keule geschnitten)
	Salz
	geriebene Muskatnuß
40 g	Pflanzenfett
75 g	gebräunte Mandelstifte
125 ml (1/8 l)	Schlagsahne
	frisch gemahlener Pfeffer

Rehsteaks unter fließendem kaltem Wasser abspülen, trockentupfen, mit Salz und Muskatnuß bestreuen. Pflanzenfett erhitzen, die Steaks etwa 12 Minuten von beiden Seiten darin braten. Steaks auf einer vorgewärmten Platte anrichten, mit Mandelstiften bestreuen und warm stellen.
Bratensatz mit Sahne loskochen, etwas einkochen lassen, bis die Sauce dicklich ist, mit Salz und Pfeffer abschmecken.

Beilage

Kartoffelkroketten, Ananasscheiben mit Preiselbeerkompott.

Badischer Rehrücken

Zutaten (8 Portionen)

1	Rehrücken (etwa 1,8 kg)
	Salz
	frisch gemahlener Pfeffer
2	mittelgroße Zwiebeln
100 g	Knollensellerie
2	Möhren
100 g	durchwachsener Speck, in Scheiben geschnitten
5	zerstoßene Wacholderbeeren
	heißes Wasser
2	Williamsbirnen
200 ml	lieblicher Weißwein
	Saft von
1	Zitrone
200 ml	trockener Rotwein
400 ml	Schlagsahne
2 EL	Preiselbeerkompott
150 g	Preiselbeerkompott

Rehrücken enthäuten, unter fließendem kaltem Wasser abspülen, trockentupfen und mit Salz und Pfeffer einreiben. Zwiebeln abziehen, Sellerie und Möhren putzen und schälen, die 3 Zutaten würfeln. Das Fleisch in eine mit Wasser ausgespülte Rostbratpfanne geben und mit Speckscheiben belegen. Gemüsewürfel und Wacholderbeeren hinzufügen und in den Backofen schieben.

Ober-/Unterhitze	200–220 °C (vorgeheizt)
Heißluft	180–200 °C (nicht vorgeheizt)
Gas	Stufe 3–4 (nicht vorgeheizt)
Garzeit	40–50 Minuten

Nach und nach etwas heißes Wasser hinzufügen. Williamsbirnen waschen, halbieren, mit einem Kugelausstecher das Kerngehäuse entfernen. Birnen in Weißwein und Zitronensaft etwa 10 Minuten garen. Das Fleisch aus der Rostbratpfanne nehmen, vor dem Servieren 10 Minuten ruhen lassen, damit sich der Fleischsaft setzt. Den Bratersatz mit Rotwein ablöschen, Sahne angießen, Preiselbeerkompott dazugeben und einkochen lassen. Die Sauce durch ein Sieb streichen, nochmals mit Salz und Pfeffer abschmecken. Das Fleisch vom Knochengerüst lösen, Speckscheiben entfernen, Fleisch in Scheiben schneiden, wieder auf das Knochengerüst legen und auf einer vorgewärmten Platte anrichten. Birnenhälften mit Preiselbeerkompott füllen und um den Rehrücken legen. Die Sauce getrennt dazu reichen.

Beilage

Gedünstete Pfifferlinge, Mandelkroketten.

Rehkeule, klassisch

Zutaten

1½ kg	Rehkeule
	Buttermilch
	Salz
	geschroteter Pfeffer
3 EL	Butterschmalz
	Thymianzweige
	Wacholderbeeren
	heißes Wasser
125 ml (⅛ l)	Rotwein
125 ml (⅛ l)	Schlagsahne
2–3 EL	Weinbrand
50 g	kalte Butter

Rehkeule enthäuten, unter fließendem kaltem Wasser abspülen, trockentupfen, in eine große Schüssel legen und mit so viel Buttermilch übergießen, daß das Fleisch bedeckt ist. Etwa 2 Tage an einem kühlen Ort stehen lassen, dabei die Keule ab und zu wenden.

Die Keule trockentupfen, mit Salz und Pfeffer einreiben. Butterschmalz in einem Bräter zerlassen, das Fleisch hineinlegen, einige Thymianzweige und Wacholderbeeren hinzufügen und den Bräter auf dem Rost in den Backofen schieben.

Ober-/Unterhitze	200–220 °C (vorgeheizt)
Heißluft	180–200 °C (nicht vorgeheizt)
Gas	Stufe 3–4 (nicht vorgeheizt)
Bratzeit	1½–2 Stunden

Sobald der Bratensatz bräunt, etwas heißes Wasser hinzugießen. Fleisch ab und zu mit dem Bratensatz begießen, verdampfte Flüssigkeit durch Rotwein und heißes Wasser ersetzen. Das gare Fleisch aus dem Bräter nehmen, etwa 10 Minuten ruhen lassen, in Scheiben schneiden und warm stellen. Den Bratensatz mit Sahne loskochen, etwas einkochen lassen. Mit Salz und Pfeffer würzen, Weinbrand unterrühren, Butter unterschlagen und die Sauce zu dem Fleisch reichen.

Beilage

Kartoffelklöße.

Zutaten

1	küchenfertige Ente (1½ kg)
	Salz
	etwas heißes Wasser
	kaltes Salzwasser
1 gestr. TL	Speisestärke
1 EL	kaltes Wasser
	frisch gemahlener Pfeffer

Gebratene Ente

Ente unter fließendem kaltem Wasser abspülen, trockentupfen, innen mit Salz einreiben, mit dem Rücken nach unten auf den Rost einer mit Wasser ausgespülten Rostbratpfanne legen. Die Rostbratpfanne auf der unteren Schiene in den Backofen schieben.

Ober-/Unterhitze	200–220 °C (vorgeheizt)
Heißluft	180–200 °C (nicht vorgeheizt)
Gas	Stufe 4–5 (nicht vorgeheizt)
Bratzeit	etwa 1¾ Stunden

Während des Bratens ab und zu unterhalb der Flügel und Keulen in die Ente stechen, damit das Fett besser ausbraten kann. Nach 30 Minuten Bratzeit das angesammelte Fett abschöpfen (evtl. diesen Vorgang wiederholen). Sobald der Bratensatz bräunt, etwas heißes Wasser hinzugießen. Ente ab und zu mit dem Bratensatz begießen, verdampfte Flüssigkeit nach und nach durch heißes Wasser ersetzen. 10 Minuten vor Beendigung der Bratzeit die Ente mit Salzwasser bestreichen. Die Hitze auf stark stellen, damit die Haut schön kroß wird. Die gare Ente in Portionsstücke schneiden, auf einer vorgewärmten Platte anrichten und warm stellen. Bratensatz mit etwas Wasser loskochen, durch ein Sieb gießen, mit Wasser auf 375 ml (⅜ l) auffüllen und zum Kochen bringen. Speisestärke mit kaltem Wasser anrühren, die Flüssigkeit damit binden. Sauce mit Salz und Pfeffer abschmecken.

Beilage Kartoffelklöße und Rotkohl.

Abwandlung Gebratene Gans

Eine küchenfertige Gans (3 kg, für 8 Portionen) auf dieselbe Weise zubereiten (Bratzeit: etwa 3 Stunden).

Putenkeule in Burgunder

Zutaten

1	große, küchenfertige Putenoberkeule (1,2 kg)
	Salz
	frisch gemahlener Pfeffer
	Knoblauchpulver
	Paprika edelsüß
4–5 EL	Speiseöl
1	große Zwiebel
250 ml ($\frac{1}{4}$ l)	Hühnerbrühe
200 g	gekochter Schinken
200 g	Champignons (aus der Dose)
125 ml ($\frac{1}{8}$ l)	Rotwein (Burgunder)
2–3 gestr. EL	Weizenmehl
125 ml ($\frac{1}{8}$ l)	Rotwein (Burgunder)
2–3 EL	saure Sahne
1 EL	gehackte Kräuter

Putenkeule unter fließendem kaltem Wasser abspülen und trockentupfen. Mit Salz, Pfeffer, Knoblauchpulver und Paprika einreiben. Öl erhitzen, die Keule darin rundherum anbraten. Zwiebel abziehen, fein würfeln, in das Fett geben, kurz mitdünsten lassen. Nach und nach Brühe hinzugießen, die Putenkeule etwa 1 Stunde schmoren lassen. Schinken in Streifen schneiden. Champignons abtropfen lassen und vierteln. Die beiden Zutaten zusammen mit Rotwein zu dem Fleisch geben und noch etwa 15 Minuten garen. Die Keule auf einer vorgewärmten Platte anrichten und warm stellen. Mehl mit Rotwein anrühren, die Sauce damit binden, saure Sahne unterrühren. Die Sauce über die Putenkeule geben und mit Kräutern bestreuen.

Beilage Herzoginkartoffeln.

Gebratene Tauben (Foto)

Zutaten

8 küchenfertige Tauben (je 150 g)
Salz
frisch gemahlener Pfeffer
1 EL Butter
125 ml (1/8 l) heißes Wasser
150 g saure Sahne
30 g Weizenmehl

Tauben unter fließendem kaltem Wasser abspülen, trockentupfen und innen mit Salz und Pfeffer einreiben. Magen, Herz und Leber säubern, waschen und mit Butter in den Bauch geben. Die Flügel mit Küchengarn unter dem Rumpf zusammenbinden, die Keulen ebenfalls zusammenbinden. Die Tauben in eine mit Wasser ausgespülte Rostbratpfanne legen und in den Backofen schieben.

Ober-/Unterhitze	etwa 200 °C (vorgeheizt)
Heißluft	etwa 180 °C (nicht vorgeheizt)
Gas	Stufe 3–4 (nicht vorgeheizt)
Bratzeit	45–60 Minuten

Sobald der Bratensatz bräunt, etwas von dem heißen Wasser hinzugießen. Tauben ab und zu mit dem Bratensatz begießen, verdampfte Flüssigkeit nach und nach durch heißes Wasser ersetzen. Die garen Tauben auf einer vorgewärmten Platte anrichten und warm stellen. Bratensatz mit Wasser loskochen, saure Sahne hinzufügen, nach Belieben mit Flüssigkeit auffüllen und zum Kochen bringen. Mehl mit etwas kaltem Wasser anrühren, den Bratensatz damit binden und mit Salz abschmecken.

Abwandlung

Magen, Herz und Leber fein hacken, mit 1 eingeweichten, gut ausgedrückten Scheibe Weißbrot, 1 Ei, Salz, geriebener Muskatnuß und gehackter Petersilie vermengen. Die Füllung in die Tauben geben und mit Küchengarn zunähen.

Fasan auf Weinsauerkraut

Zutaten

1	küchenfertiger Fasan (1¼ kg)
	Salz
	frisch gemahlener Pfeffer
4 dünne Scheiben	fetter Speck
30 g	Butterschmalz
	heißes Wasser

Für das Weinsauerkraut

1	Zwiebel
2	Äpfel
20 g	Butterschmalz
600 g	Sauerkraut
250 ml (¼ l)	Weißwein
6 EL	Wasser
1	Gewürznelke
2	Lorbeerblätter
3	Wacholderbeeren
	Salz
1	Prise Zucker
1	Kartoffel

Fasan unter fließendem kaltem Wasser abspülen, trockentupfen. Von innen und außen mit Salz und Pfeffer würzen. Speckscheiben auf die Brust legen und mit Küchengarn festbinden. Butterschmalz in einem Bräter zerlassen, Fasan mit der Brustseite nach unten hineingeben. Den Bräter auf dem Rost in den Backofen schieben.

Ober-/Unterhitze	180–200 °C (vorgeheizt)
Heißluft	160–180 °C (nicht vorgeheizt)
Gas	Stufe 3–4 (nicht vorgeheizt)
Bratzeit	etwa 1 Stunde

Von Zeit zu Zeit etwas Wasser hinzufügen. Von dem garen Fasan die Speckscheiben entfernen. Für das Weinsauerkraut Zwiebel abziehen, in feine Scheiben schneiden. Äpfel schälen, vierteln, entkernen und in Würfel schneiden. Butterschmalz in einem Topf zerlassen, Zwiebelscheiben darin glasig dünsten, Apfelwürfel und Sauerkraut zugeben. Alles kurz andünsten und mit Weißwein und Wasser angießen. Nelke, Lorbeerblätter und Wacholderbeeren hinzufügen. Das Sauerkraut mit Salz und Zucker würzen, etwa 25 Minuten kochen lassen. Kartoffel waschen, schälen, abspülen, reiben und etwa 5 Minuten vor Beendigung der Garzeit zu dem Sauerkraut geben. Das Sauerkraut abschmecken und zu dem Fasan servieren.

Beilage

Kartoffelpüree.

Tip

Nach Belieben 200 g helle Weintrauben abziehen und entkernen. 30 g Butter in einer Pfanne zerlassen, die Trauben kurz darin dünsten und zu dem Sauerkraut geben.

Süßspeisen

Pfirsiche mit Baiserhaube

(Foto Seite 112/113)

Zutaten

1 Dose	Pfirsiche (Abtropfgewicht 550 g)
25 g	Butter
2	Eiweiß
100 g	Zucker
30 g	abgezogene, gemahlene Mandeln
2 EL	Orangenlikör
40 g	abgezogene, gehackte Mandeln

Pfirsiche auf ein Sieb zum Abtropfen geben und in eine flache Auflaufform legen. Butter zerlassen und über die Pfirsiche verteilen. Die Auflaufform auf dem Rost unter den vorgeheizten Grill schieben und 5–6 Minuten überbacken. Zwischendurch mit der Butter bestreichen, die sich auf dem Boden der Auflaufform gesammelt hat. Eiweiß so steif schlagen, daß ein Messerschnitt sichtbar bleibt. Zucker nach und nach unterschlagen. Mandeln und Orangenlikör vorsichtig unterheben. Die Masse über die Pfirsiche verteilen, mit Mandeln bestreuen und noch einmal für 3–4 Minuten unter den Grill schieben.

Abwandlung

Anstelle der Pfirsiche können auch Stachelbeeren verwendet werden.

Pfirsichkranz

(Foto)

Zutaten

500 g	Pfirsiche
175 g	Zucker
1 Pck.	Vanillin-Zucker
1 EL	Zitronensaft
250 ml (¼ l)	Apfelsaft
80 g	Speisestärke
3	Eigelb
375 ml (⅜ l)	Weiß- oder Apfelwein
3	Eiweiß
	Speiseöl
	Schlagsahne

Pfirsiche waschen, halbieren, entsteinen, kurze Zeit in kochendes Wasser legen (nicht kochen lassen), in kaltem Wasser abschrecken und enthäuten. Mit Zucker, Vanillin-Zucker und Zitronensaft in den Apfelsaft geben, zum Kochen bringen und weichkochen lassen. Die Pfirsiche auf ein Sieb geben und abtropfen lassen, dabei die Kochflüssigkeit auffangen, evtl. mit Wasser auf 250 ml (¼ l) auffüllen. Speisestärke mit Eigelb und etwas Weiß- oder Apfelwein anrühren, restlichen Wein mit der Kochflüssigkeit zum Kochen bringen. Die angerührte Speisestärke unter Rühren in die von der Kochstelle genommene Flüssigkeit geben und aufkochen lassen. Eiweiß steif schlagen, unter die Speise heben und nochmals kurz aufkochen lassen. Eine Kranzform mit Öl ausstreichen, die Pfirsiche mit der Wölbung nach unten hineinlegen, die Speise darauf füllen und erkalten lassen. Den festgewordenen Pfirsichkranz vorsichtig vom Rand lösen, auf eine runde Platte stürzen und mit geschlagener Sahne verzieren.

Abwandlung

Anstelle von Pfirsichen können auch Pflaumen, Birnen oder Aprikosen verwendet werden.

Preiselbeerspeise mit Portwein

(8 Portionen)

Zutaten

2 geh. TL	Gelatine gemahlen, weiß
2 EL	kaltes Wasser
250 ml (¼ l)	trockener Portwein
2 EL	Zucker
	abgeriebene Schale von
1	Zitrone (unbehandelt)
2 EL	Zitronensaft
250 g	Preiselbeerkompott
250 ml (¼ l)	Schlagsahne
	Preiselbeeren

Gelatine mit Wasser in einem kleinen Topf anrühren und 10 Minuten zum Quellen stehen lassen. Unter Rühren erwärmen, bis sie gelöst ist. Portwein mit Zucker, Zitronenschale, Zitronensaft und Preiselbeerkompott verrühren, die lauwarme Gelatinelösung unterrühren und kalt stellen. Sobald die Speise anfängt dicklich zu werden, Sahne steif schlagen und ⅔ davon unter die Speise heben. Preiselbeerspeise mit der zurückgelassenen Sahne verzieren und nach Belieben mit Preiselbeeren garnieren.

Krokant-Pudding-Ring mit Aprikosensauce

(8 Portionen)

Für den Krokant

1 Msp.	Butter
3 schwach geh. EL	Zucker
125 g	abgezogene, gehackte Mandeln

Für die Creme

2 Pck.	Pudding-Pulver Vanille-Geschmack
4 schwach geh. EL	Zucker
1 l	Milch
1 Dose	Aprikosenhälften (Abtropfgewicht 480 g)
	Schlagsahne

Für die Aprikosensauce

½	Orange (unbehandelt)
40 g	Speisestärke
250 ml (¼ l)	Aprikosensaft
125 ml (⅛ l)	Weißwein
2 EL	Orangenlikör

Für den Krokant Butter, Zucker und Mandeln unter Rühren so lange erhitzen, bis der Krokant genügend gebräunt ist. Ihn auf ein Stück Alufolie geben und erkalten lassen.

Für die Creme Pudding-Pulver mit Zucker mischen, mit 125 ml (⅛ l) von der Milch anrühren, restliche Milch zum Kochen bringen. Das angerührte Pudding-Pulver unter Rühren in die von der Kochstelle genommene Milch geben, gut aufkochen lassen, in eine mit kaltem Wasser ausgespülte Kranzform füllen und kalt stellen. Den festgewordenen Pudding auf einen Teller stürzen und mit Krokant bestreuen. Aprikosenhälften abtropfen lassen, den Saft auffangen, 250 ml (¼ l) davon abmessen. Aprikosen in die Mitte des Krokantringes geben, mit geschlagener Sahne verzieren.

Für die Aprikosensauce Orange waschen, abtrocknen, dünn schälen, die Schale in sehr feine Streifen schneiden. Speisestärke mit etwas von dem Aprikosensaft anrühren, restlichen Saft mit Weißwein und Orangenschale kurz aufkochen lassen, mit der angerührten Speisestärke binden und Orangenlikör unterrühren. Sauce erkalten lassen und zu dem Krokantring reichen.

Hagebuttencreme mit Wein

Zutaten

1 geh. TL	Gelatine gemahlen, weiß
1½ EL	kaltes Wasser
200 g	Hagebuttenmus (aus dem Reformhaus)
1 EL	Zitronensaft
125 ml (⅛ l)	Weißwein
1 EL	Zucker
250 ml (¼ l)	Schlagsahne
	Waffelblättchen oder -röllchen
	Schlagsahne

Gelatine mit Wasser in einem kleinen Topf anrühren und 10 Minuten zum Quellen stehen lassen. Gelatine unter Rühren erwärmen, bis sie gelöst ist. Hagebuttenmus mit Zitronensaft, Weißwein und Zucker verrühren, die Gelatinelösung unterrühren und kalt stellen. Sahne steif schlagen. Sobald die Masse anfängt dicklich zu werden, die Sahne unterheben. Die Hagebuttencreme auf Gläser verteilen und kalt stellen. Die Portionen kurz vor dem Servieren mit Waffelblättchen oder -röllchen garnieren. Nach Belieben mit geschlagener Sahne verzieren.

Gekochte Quarkcreme

Zutaten

1 Pck.	Saucenpulver Vanille-Geschmack
20 g	Speisestärke
2	Eigelb
375 ml (3/8 l)	kalte Milch
25 g	Butter
1 Prise	Salz
250 g	Magerquark
75 g	Zucker
1–2 EL	Rum
2	Eiweiß
10 g	geraspelte Schokolade

Saucenpulver, Speisestärke und Eigelb mit 6 Eßlöffel von der Milch anrühren. Die übrige Milch mit Butter und Salz zum Kochen bringen. Saucenpulver in die von der Kochstelle genommene Milch rühren, zum Kochen bringen, kurz aufkochen lassen, kalt stellen, ab und zu durchrühren. Quark mit Zucker geschmeidig rühren, die erkaltete Creme eßlöffelweise unterrühren, mit Rum abschmecken. Eiweiß steif schlagen, zuletzt unter die Quarkcreme heben. Die Speise in eine Schale füllen und mit geraspelter Schokolade bestreuen.

Tip Wenn Kinder mitessen, den Rum durch Zitronensaft ersetzen.

Weincreme

Zutaten

1 Pck.	Gelatine gemahlen, weiß
6 EL	kaltes Wasser
125 ml (1/8 l)	Apfelsaft
125 g	Zucker
375 ml (3/8 l)	Weißwein
1 EL	Zitronensaft
250 ml (1/4 l)	Schlagsahne
	Fruchtstückchen

Gelatine mit Wasser in einem kleinen Topf anrühren und 10 Minuten zum Quellen stehen lassen. Die gequollene Gelatine unter Rühren erwärmen, bis sie gelöst ist. Langsam den Apfelsaft unterrühren. Zucker, Weißwein und Zitronensaft hinzufügen und kalt stellen. Sobald die Speise anfängt dicklich zu werden, Sahne steif schlagen und unterheben. Weincreme in eine Glasschale oder in Portionsgläser füllen und nach Belieben mit Fruchtstückchen garnieren.

Zitronencreme

(Foto)

(8 Portionen)

Zutaten

2 schwach geh. TL	Gelatine gemahlen, weiß
6 EL	kaltes Wasser
4	Eigelb
4 EL	heißes Wasser
150 g	Zucker
	abgeriebene Schale von
1	Zitrone (unbehandelt)
10 EL	Zitronensaft
4	Eiweiß
250 ml (1/4 l)	Schlagsahne
8	halbierte Maraschinokirschen

Gelatine mit Wasser in einem kleinen Topf anrühren, 10 Minuten zum Quellen stehen lassen. Eigelb mit Wasser schaumig schlagen, nach und nach Zucker unterschlagen und so lange schlagen, bis eine cremige Masse entstanden ist. Zitronenschale mit Zitronensaft unterrühren. Gequollene Gelatine unter Rühren erwärmen, bis sie gelöst ist. Zunächst 3 Eßlöffel der Eigelbmasse hinzufügen und verrühren. Gelatinemasse unter die übrige Eigelbmasse schlagen und kalt stellen. Eiweiß steif schlagen. Sahne steif schlagen. Wenn die Masse anfängt dicklich zu werden, beide Zutaten (etwas Sahne zum Verzieren zurücklassen) unterheben. Creme in eine Schale oder in Dessertgläser füllen und kalt stellen. Die Creme vor dem Servieren mit der zurückgelassenen Sahne verzieren und mit Maraschinokirschen garnieren.

Tip

Nur sehr frische Eier verwenden.

Erdbeergrütze

(8 Portionen)

Zutaten

- 1¼ kg Erdbeeren
- 1 l Wasser
- 3–4 Stücke Zitronenschale (unbehandelt)
- 150 g Zucker
- etwa 120 g Perl-Sago
- Zucker

Erdbeeren vorsichtig waschen, gut abtropfen lassen, entstielen und ¼ der Früchte beiseite stellen. Die übrigen Früchte mit Wasser in einen Kochtopf geben, zum Kochen bringen, auf ein gespanntes Tuch geben, damit der Saft ablaufen kann. Den Fruchtbrei nach dem Erkalten kräftig auspressen. Den Saft mit Wasser auf 1¼ l Flüssigkeit auffüllen, mit Zitronenschale und Zucker zum Kochen bringen. Perl-Sago unter Rühren einstreuen, zum Kochen bringen und in etwa 20 Minuten ausquellen lassen. Die Zitronenschale entfernen. Die zurückgelassenen Erdbeeren hinzufügen. Grütze zum Kochen bringen und 1–2 Minuten kochen lassen. Evtl. mit Zucker abschmecken, in eine Glasschüssel füllen und erkalten lassen.

Abwandlung Rote Grütze

Zutaten

- 750 g Erdbeeren
- 250 g Rhabarber
- 250 g schwarze Johannisbeeren
- 150 g Zucker
- 50–60 g Perl-Sago
- 120–150 g Himbeeren
- Zucker
- gemahlener Zimt

Erdbeeren waschen, entstielen, 250 g beiseite stellen. Rhabarber waschen und in etwa 1½ cm lange Stücke schneiden. Johannisbeeren waschen und entstielen. Das Obst mit Zucker bestreuen und stehen lassen, bis sich etwas Saft gebildet hat, es dann zum Kochen bringen, 10 Minuten köcheln lassen. Perl-Sago unter Rühren einstreuen, zum Kochen bringen und etwa 20 Minuten ausquellen lassen. Himbeeren verlesen, mit den beiseite gestellten Erdbeeren hinzufügen. Grütze zum Kochen bringen, 1–2 Minuten kochen lassen, mit Zucker und Zimt abschmecken, in eine Schüssel füllen und erkalten lassen.

Tips

Bei weniger saftigen Früchten evtl. 250 ml (¼ l) Apfelsaft zugeben. Anstelle von Sago kann die Grütze auch mit Speisestärke oder 8 Blatt Gelatine angedickt werden.

Johannisbeersülze

Zutaten

250 g	rote Johannisbeeren
1 Beutel aus 1 Pck.	Götterspeise Himbeer-Geschmack
500 ml (½ l)	Wasser
150 g	Zucker

Johannisbeeren waschen, die Beeren mit einer Gabel von den Stielen streifen. Die Götterspeise mit Wasser und Zucker nach Packungsaufschrift (aber mit 150 g Zucker) zubereiten und kalt stellen. Sobald die Speise anfängt dicklich zu werden, die Beeren daruntergeben. Die Speise in Portionsgläser füllen und kalt stellen.

Beigabe

Vanillesauce.

(4-6 Portionen)

Zutaten

1 kg	Schattenmorellen
100 g	Zucker
1 Pck.	Vanillin-Zucker
200 g	Pumpernickel
400 ml	warmer Kirschsaft
3 EL	Kirschwasser
50 g	geriebene Zartbitterschokolade
200 ml	Schlagsahne
50 g	Zucker
200 g	Crème fraîche
	geraspelte Schokolade

Götterspeise

Schattenmorellen entstielen, waschen, entsteinen, den Saft dabei auffangen. Kirschen und Saft mit Zucker und Vanillin-Zucker zum Kochen bringen, etwa 2 Minuten kochen lassen, auf ein Sieb geben und etwa 400 ml Saft abmessen. Pumpernickel in Scheiben schneiden, zwischen den Fingern zerbröseln, mit Kirschsaft begießen und ziehen lassen, bis der Saft vom Brot aufgesaugt ist. Mit Kirschwasser und Schokolade vermengen. Sahne mit Zucker steif schlagen und mit Crème fraîche verrühren. In eine Glasschüssel abwechselnd Kirschen, Brotmischung und Sahne schichten, mit Sahne abschließen. Nach Belieben mit Schokolade garnieren, kalt stellen.

Heidelbeergrütze

Zutaten

375 g	Heidelbeeren
125 g	Zucker
125 ml (1/8 l)	Wasser
1 Pck.	Pudding-Pulver Vanille-Geschmack
125 ml (1/8 l)	kaltes Wasser
	Saft von
1/2	Zitrone

Heidelbeeren verlesen, waschen, mit Zucker und Wasser zum Kochen bringen. Pudding-Pulver mit kaltem Wasser anrühren, unter Rühren in die von der Kochstelle genommenen Heidelbeeren geben und aufkochen lassen. Die Speise mit dem Zitronensaft abschmecken, in eine Glasschale füllen und kalt stellen.

Beigabe

Vanillesauce.

Weinbrandbirnen im Schokoladenmantel

Zutaten

4	Birnen (etwa 600 g)
250 ml (¼ l)	Wasser
125 ml (⅛ l)	Weinbrand
75 g	Zucker
1	Zimtstange
	etwas Zitronenschale (unbehandelt)

Für den Schokoladenmantel

100 g	Zartbitterschokolade
10 g	Butter
10 g	Kokosfett
125 ml (⅛ l)	Schlagsahne
1 TL	Kakaopulver
1 EL	gesiebter Puderzucker

Birnen schälen, Blüte entfernen, den Stiel stehen lassen. Wasser mit Weinbrand, Zucker, Zimtstange und Zitronenschale zum Kochen bringen. Birnen hineingeben, zum Kochen bringen, in etwa 10 Minuten weich kochen lassen, ab und zu wenden und in der Flüssigkeit erkalten lassen.

Für den Schokoladenmantel Schokolade mit Butter und Kokosfett in einem kleinen Topf im heißen Wasserbad geschmeidig rühren. Birnen auf einer Platte anrichten, etwas von der Kochflüssigkeit hinzugeben. Flüssige Schokolade vom Birnenstiel aus unregelmäßig über die Birnen verteilen. Sahne steif schlagen. Kakao und Puderzucker unterschlagen. Sahne in einen Spritzbeutel mit Sterntülle geben und einen Tupfenkranz um jede Birne spritzen.

Abwandlung

Wenn Kinder mitessen, den Weinbrand durch Apfelsaft ersetzen und noch 2 Eßlöffel Zitronensaft zugeben.

Birnen im Teigmantel

(8 Portionen)

Für die Vanillesauce

1 l	Milch
2 Pck.	Saucenpulver Vanille-Geschmack
100 g	Zucker
2	Eigelb
125 ml (1/8 l)	Eierlikör

Für die Birnen

60 g	Butterschmalz
100 g	Marzipan-Rohmasse
1 EL	Zucker
2 Pck.	Bourbon Vanille-Zucker
1 Prise	Salz
2	Eigelb
150 g	Weizenmehl
300 ml	Milch
2	Eiweiß
8	Birnen
2 EL	Zitronensaft
1 kg	Butterschmalz zum Ausbacken
	einige Zweige Minze oder Zitronenmelisse

Für das Heidelbeerpüree

650 g	Heidelbeeren
	Saft von
1	Zitrone
30 g	gesiebter Puderzucker

Für die Vanillesauce von der Milch 8 Eßlöffel abnehmen und mit Saucenpulver, Zucker und Eigelb verrühren. Restliche Milch zum Kochen bringen, das angerührte Saucenpulver hineingeben und gut aufkochen lassen. Sauce abkühlen lassen und Eierlikör unterrühren.

Für die Birnen Butterschmalz zerlassen und etwas abkühlen lassen. Marzipan-Rohmasse mit Handrührgerät mit Rührbesen verrühren. Zucker, Bourbon Vanille-Zucker Salz und Eigelb unterrühren. Mehl hinzufügen, zum Schluß Milch unterrühren. Den Teig etwa 15 Minuten stehen lassen. Eiweiß steif schlagen und mit dem Butterschmalz unterheben. Birnen schälen, halbieren, entkernen und in Zitronenwasser 5–8 Minuten kochen, auf einem Sieb abtropfen lassen.

Für das Heidelbeerpüree Heidelbeeren putzen, waschen und 150 g zum Garnieren beiseite stellen. Die restlichen Heidelbeeren mit Zitronensaft und Puderzucker pürieren und durch ein Sieb streichen.

Butterschmalz in einer Friteuse auf 170 °C erhitzen. Birnen mit Hilfe von 2 Gabeln in den Teig tauchen und nacheinander goldbraun ausbacken. Die Vanillesauce auf 8 Teller verteilen, je 2 Eßlöffel Heidelbeerpüree darauf geben und mit einem Holzstäbchen leicht durch die Sauce ziehen (marmorieren). Die gebackenen Birnenhälften auf die marmorierte Sauce legen, mit den zurückgelassenen Heidelbeeren und Minze- oder Zitronenmelisseblättchen verzieren und sofort servieren.

Eierkuchen mit Äpfeln

Zutaten

1 kg	mürbe Äpfel
250 g	Weizenmehl
2 gestr. TL	Backpulver
3	Eier
1 Prise	Salz
25 g	Zucker
500 ml (½ l)	Milch
6 EL	Speiseöl
	Zucker

Äpfel schälen, vierteln, entkernen und in Scheiben schneiden. Mehl mit Backpulver mischen, in eine Schüssel sieben und in die Mitte eine Vertiefung eindrücken. Eier mit Salz, Zucker und Milch verschlagen, etwas davon in die Vertiefung geben. Von der Mitte aus Eiermilch und Mehl verrühren, nach und nach die übrige Eiermilch dazugeben, darauf achten, daß keine Klümpchen entstehen. Etwas von dem Öl in einer Stielpfanne erhitzen, eine dünne Teiglage hineingeben, einen Teil der Äpfel darauf legen und den Eierkuchen von beiden Seiten goldgelb backen. Bevor der Eierkuchen gewendet wird, etwas Öl in die Pfanne geben. Die restlichen Eierkuchen auf dieselbe Weise backen. Die fertigen Eierkuchen mit Zucker bestreuen.

Abwandlung

Anstelle der Äpfel Pflaumen oder Heidelbeeren verwenden.

Schaumomelett mit Früchten

(8 Portionen)

Für die Füllung

400 g	Sauerkirschen
800 g	Erdbeeren
60 g	Zucker
2 Pck.	Vanillin-Zucker

Für das Omlett

12	Eiweiß
1 Prise	Salz
12	Eigelb
150 g	Zucker
2 Pck.	Vanillin-Zucker
50 g	Speisestärke
	abgeriebene Schale von
1	Zitrone (unbehandelt)
100 g	Butterschmalz
60 g	Puderzucker
	einige Zweige Zitronenmelisse

Für die Füllung Sauerkirschen waschen, abtropfen lassen, entstielen und entsteinen. Erdbeeren waschen, abtropfen lassen, putzen und je nach Größe halbieren oder in Stücke schneiden. Die Früchte mit Zucker und Vanillin-Zucker bestreuen.

Für das Omelett Eiweiß mit Salz steif schlagen (evtl. in 2 Portionen). Eigelb mit Zucker und Vanillin-Zucker cremig schlagen. Speisestärke darüber sieben, Eischnee darauf geben, Zitronenschale hinzufügen und alles vorsichtig mit einem Schneebesen unterheben.

In einer beschichteten Pfanne portionsweise Butterschmalz erhitzen und bei geringer Hitze nacheinander 8 Omeletts bei geschlossenem Deckel von der unteren Seite etwa 8 Minuten goldgelb backen (die obere Seite sollte nur gestockt sein). Die Omeletts im Backofen warm halten, bis alle fertig sind. Die Omeletts mit den Früchten füllen, mit Puderzucker bestäuben und mit Zitronenmelisse verzieren.

Beigabe Vanillesauce.

Abwandlung

Die Eiermasse in eine große, gefettete Auflaufform geben, auf dem Rost in den Backofen schieben und bei etwa 170 °C (Heißluft: etwa 150 °C, Gas: etwa Stufe 3) etwa 35 Minuten stocken lassen. Nach dem Backen mit Puderzucker bestäuben und sofort mit dem Obst servieren.

Crêpes Suzette

(6 Portionen)

Zutaten

50 g	Weizenmehl
1	Ei
1 EL	gesiebter Puderzucker
125 ml (1/8 l)	Flüssigkeit (halb Schlagsahne, halb Milch)
	Butterschmalz

Für die Orangenbutter

50 g	weiche Butter
	abgeriebene Schale von
1	Orange (unbehandelt)
1–2 EL	gesiebter Puderzucker
2	Orangen
6 EL	Orangenlikör

Mehl in eine Schüssel sieben und in die Mitte eine Vertiefung eindrücken. Ei, Puderzucker und Flüssigkeit hineingeben, mit einem Schneebesen gut durchschlagen. Den Teig etwa 30 Minuten stehen lassen. Butterschmalz in einer kleinen Bratpfanne zerlassen, eine dünne Teiglage hineingeben, von beiden Seiten goldgelb backen. Aus dem restlichen Teig weitere 5 dünne Crêpes auf die gleiche Weise zubereiten und warm stellen.
Für die Orangenbutter Butter mit Orangenschale und Puderzucker verrühren. Orangen schälen, von der weißen Haut befreien, quer in etwa 1/2 cm dicke Scheiben schneiden. In der Flambierpfanne etwas von der Orangenbutter erhitzen, eine Crêpe hineinlegen, von beiden Seiten darin erhitzen, zu einem Dreieck falten und auf einem vorgewärmten Teller warm stellen. Die übrigen Crêpes auf die gleiche Weise erhitzen, falten und warm stellen. Restliche Orangenbutter in die Pfanne hineingeben, Orangenscheiben unter Wenden vorsichtig erhitzen, in die Mitte der Pfanne schieben, die Crêpe-Dreiecke darum herumlegen, kurz erhitzen, mit Orangenlikör flambieren.

Tip Mit Vanilleeis anrichten.

Ausgebackene Apfelscheiben

(6 Portionen)

Zutaten

750 g	saure Äpfel
250 g	Weizenmehl
3 gestr. TL	Backpulver
1	Ei
1–2 EL	Zucker
250 ml (¼ l)	Milch
1 kg	Pflanzenfett zum Ausbacken
	Zucker
	gemahlener Zimt

Äpfel schälen, mit einem Apfelbohrer das Kerngehäuse ausstechen, die Äpfel in 1 cm dicke Ringe schneiden. Für den Teig Mehl mit Backpulver mischen, in eine Schüssel sieben und in die Mitte eine Vertiefung eindrücken. Ei mit Zucker und Milch verschlagen, etwas davon in die Vertiefung geben. Von der Mitte aus Eimilch mit einem Teil des Mehls verrühren, die übrige Eimilch dazugeben. Darauf achten, daß keine Klümpchen entstehen. Die Apfelscheiben in den Teig tauchen, in siedendem Pflanzenfett in 1–2 Minuten goldgelb backen, auf einem mit Küchenpapier belegten Kuchenrost abtropfen lassen,
mit Zucker und Zimt bestreuen und warm servieren.

Abwandlung

Statt der Apfelscheiben Aprikosen- oder Pfirsichhälften oder Ananasscheiben nehmen.

Zimt-Grieß-Pudding

Zutaten

500 ml (½ l)	Milch
1 Prise	Salz
125 g	Weizengrieß
100 g	Butter
100 g	Zucker
1 Pck.	Vanillin-Zucker
3	Eigelb
1 Pck.	Pudding-Pulver Vanille-Geschmack
1 geh. EL	gemahlener Zimt
50 g	Rosinen
25 g	abgezogene, gemahlene Mandeln
3	Eiweiß
	Semmelbrösel

Milch mit Salz zum Kochen bringen, von der Kochstelle nehmen, Grieß unter Rühren einstreuen und aufkochen lassen. Butter geschmeidig rühren, nach und nach Zucker, Vanillin-Zucker, Eigelb und den noch warmen Grießbrei unterrühren. Pudding-Pulver mit Zimt unter die Grießmasse rühren, Rosinen und Mandeln unterrühren. Eiweiß steif schlagen und unterheben. Die Masse in eine gut gefettete, mit Semmelbröseln ausgestreute Wasserbadform (Puddingform 1,5 l) füllen (die Form darf nur ⅔ gefüllt sein) und mit dem Deckel verschließen. Die Form in einen hohen Topf stellen, so viel Wasser hinzugießen, daß die Form bis zu ⅓ im Wasser steht und den Zimt-Grieß-Pudding etwa 60 Minuten garen. Die Puddingform aus dem Wasserbad nehmen, etwa 10 Minuten stehen lassen, dann den Pudding auf eine Platte stürzen.

Tip

Angedickte Kirschen oder beliebiges Obst der Saison dazu reichen.

Früchtepudding

(Foto)

(8 Portionen)

Zutaten

200 g	getrocknete Birnen
200 g	getrocknete, entsteinte Pflaumen
200 g	getrocknete Aprikosen
375 ml (3/8 l)	Wasser oder Apfelsaft
200 g	Weizenmehl
4 gestr. TL	Backpulver
30 g	Zucker
1 Pck.	Vanillin-Zucker
1 Msp.	gemahlener Ingwer
1 Msp.	gemahlene Nelken
1 Msp.	gemahlener Zimt
1 EL	Kirschwasser
150 ml	erkaltete Fruchtflüssigkeit
65 g	grob gehackte Haselnußkerne
65 g	klein gewürfeltes Zitronat
100 g	Rosinen
	Semmelbrösel

Birnen, Pflaumen und Aprikosen mit Wasser oder Apfelsaft übergießen und über Nacht quellen lassen. Die gequollenen Früchte zum Kochen bringen, etwa 2 Minuten kochen, abtropfen (die Fruchtflüssigkeit auffangen und 150 ml abmessen) und erkalten lassen. Die erkalteten Früchte in kleine Stücke schneiden. Mehl mit Backpulver mischen, in eine Schüssel sieben, in die Mitte eine Vertiefung eindrücken und Zucker, Vanillin-Zucker, Ingwer, Nelken, Zimt, Kirschwasser und die Fruchtflüssigkeit hineingeben. Die Zutaten schnell zu einem glatten Teig verrühren. Zuletzt Haselnußkerne, Zitronat, Rosinen und die kleingeschnittenen Früchte unterheben. Die Masse in eine gefettete, mit Semmelbröseln ausgestreute Wasserbadform (Puddingform 1,5 l) füllen, mit dem Deckel verschließen. Die Form in einen hohen Topf stellen, soviel Wasser hinzugießen, daß die Form bis zu 1/3 im Wasser steht. Den Früchtepudding etwa 65 Minuten garen. Die Puddingform aus dem Wasserbad nehmen, etwa 10 Minuten stehen lassen, dann den Pudding auf eine Platte stürzen.

Tip

Mit Vanillesauce servieren. Oder den Früchtepudding kalt, in Scheiben geschnitten mit Butter servieren.

Torten, Gebäck

Rum-Flocken-Torte

(Foto Seite 134/135)

Für den Brandteig

125 ml (⅛ l)	Wasser
25 g	Butter
1 Prise	Salz
1 Prise	Zucker
75 g	Weizenmehl
15 g	Speisestärke
2–3	Eier
1 Msp.	Backpulver

Für den Knetteig

150 g	Weizenmehl
50 g	Zucker
1	Prise Salz
1 TL	abgeriebene Zitronenschale (unbehandelt)
1	kleines Ei
80 g	Butter

Für die Kirschfüllung

1 Glas	Sauerkirschen (Abtropfgewicht 370 g)
30 g	Speisestärke
1 Msp.	gemahlener Zimt
1 EL	Zucker

Für den Brandteig Wasser mit Butter, Salz und Zucker am besten in einem Stieltopf zum Kochen bringen. Mehl und Speisestärke mischen, sieben, auf einmal in die von der Kochstelle genommene Flüssigkeit schütten, zu einem glatten Kloß rühren und unter Rühren etwa 1 Minute erhitzen. Den heißen Kloß sofort in eine Schüssel geben, nach und nach Eier mit Handrührgerät mit Knethaken auf höchster Stufe unterarbeiten. Weitere Eizugabe erübrigt sich, wenn der Teig stark glänzt und so vom Löffel abreißt, daß lange Spitzen hängenbleiben. Backpulver in den erkalteten Teig arbeiten. Aus dem Teig 3 Böden backen, dazu jeweils ⅓ des erkalteten Teiges auf einen gefetteten, mit Mehl bestäubten Springformboden (Ø 28 cm) streichen (darauf achten, daß die Teiglage am Rand nicht zu dünn ist, damit der Boden nicht zu dunkel wird), jeden Boden ohne Springformrand backen, bis er hellbraun ist.

Ober-/Unterhitze	200–220 °C (vorgeheizt)
Heißluft	170–180 °C (nicht vorgeheizt)
Gas	Stufe 4–5 (vorgeheizt)
Backzeit	20–25 Minuten

Das Gebäck sofort nach dem Backen vom Springformboden lösen und einzeln auf einem Kuchenrost erkalten lassen (wichtig, da der Dampf entweichen muß).
Für den Knetteig Mehl in eine Rührschüssel sieben, Zucker, Salz, Zitronenschale, Ei und Butter hinzufügen. Die Zutaten mit Handrührgerät mit Knethaken zunächst kurz auf niedrigster, dann auf höchster Stufe gut durcharbeiten, anschließend auf der Arbeitsfläche zu einem glatten Teig verkneten, evtl. kalt stellen. Teig auf dem Boden einer Springform (Ø 28 cm) ausrollen, mehrmals mit einer Gabel einstechen, den Springformrand darumlegen. Die Form auf dem Rost in den Backofen schieben und bei der oben genannten Temperatur etwa 15 Minuten backen.
Den Boden sofort nach dem Backen vom Springformboden lösen und darauf erkalten lassen.
Für die Kirschfüllung Sauerkirschen abtropfen lassen. Saft auffangen und 250 ml (¼ l) davon abmessen (evtl. mit Wasser ergänzen). Speisestärke mit 4 Eßlöffeln von dem Saft anrühren. Den übrigen Saft mit Zimt und Zucker zum Kochen bringen, von der Kochstelle nehmen, die angerührte Speisestärke unterrühren, einmal aufkochen lassen, die Kirschen unterrühren und erkalten lassen.

Für die Rumcreme Gelatine in wenig kaltem Wasser einweichen. Pudding-Pulver mit etwas von der Milch anrühren. Die restliche Milch mit Vanillemark, Salz und Zucker zum Kochen bringen. Das angerührte Pudding-Pulver einrühren, gut aufkochen lassen. Die gut ausgedrückte Gelatine unter Rühren darin auflösen. Rum unterrühren. Die Masse abkühlen lassen, dabei ab und zu umrühren. Wenn die Creme beginnt dicklich zu werden, Sahne steif schlagen und unterheben.

Den Knetteigboden auf eine Tortenplatte legen, den gesäuberten Ring der Springform darum legen, Kirschfüllung daraufstreichen. Einen Brandteigboden auf die Kirschen legen, etwas andrücken, die Hälfte der Rumcreme daraufstreichen, mit dem zweiten Brandteigboden bedecken, mit der restlichen Creme bestreichen, den dritten Boden darauflegen, etwas andrücken. Die Torte kalt stellen.

Mandeln in einer Pfanne ohne Fett goldbraun rösten und gleichmäßig an den Tortenrand drücken. Tortenoberfläche mit Puderzucker bestäuben.

Für die Rumcreme

6 Blatt	weiße Gelatine
1 Pck.	Pudding-Pulver Vanille-Geschmack
375 ml (3/8 l)	Milch
	Mark von
1	Vanilleschote
1 Prise	Salz
80 g	Zucker
100 ml	Rum
750 ml (3/4 l)	Schlagsahne
80 g	abgezogene, gehobelte Mandeln
	gesiebter Puderzucker

Feine Trüffel (Foto)

Kuvertüre zerkleinern und mit der Sahne in einem Topf im Wasserbad schmelzen lassen. Die Masse etwas abkühlen lassen. Butter oder Butterschmalz mit Handrührgerät mit Rührbesen geschmeidig rühren. Puderzucker unterrühren. Nach und nach Kuvertüre unterrühren. Die Masse etwas fest werden lassen und nochmals aufschlagen. Anschließend in 3 Portionen teilen.

Für Orangentrüffel 1 Portion der Masse mit Orangenschale abschmecken, in einen Spritzbeutel mit feiner Sterntülle füllen und in Metall-Pralinenförmchen spritzen. Mit Pistazien garnieren.

Für Kirschwassertrüffel Kirschwasser unter 1 Portion der Masse rühren, die Hälfte des zerlassenen Kokosfettes unterrühren und kurz kalt stellen. Mit 2 Teelöffeln kleine Häufchen abstechen, mit kühlen Händen zu Kugeln formen und in Schokoladenraspeln wälzen. Die Trüffel in Pralinenmanschetten setzen.

Für Weinbrandtrüffel Weinbrand und das restliche zerlassene Kokosfett unterrühren und kurz kalt stellen. Mit 2 Teelöffeln kleine Häufchen abstechen, mit kühlen Händen zu Kugeln formen, in der Kuvertüre wälzen und in Pralinenmanschetten setzen. Trüffel in gut schließenden Dosen kühl aufbewahren.

(etwa 60 Stück)

Zutaten

600 g	Halbbitterkuvertüre
125 ml (1/8 l)	Schlagsahne
200 g	Butter oder Butterschmalz
150 g	gesiebter Puderzucker
1 TL	abgeriebene Orangenschale (unbehandelt)
20 g	gehackte Pistazien
2 EL	Kirschwasser
100 g	zerlassenes Kokosfett
40 g	Vollmilch-Schokoladen-raspel
2 cl	Weinbrand
40 g	geraspelte, weiße Kuvertüre

Trüffeltorte

Für den Biskuitteig Eier und Wasser mit einem Handrührgerät mit Rührbesen auf höchster Stufe in 1 Minute schaumig schlagen. Zucker mit Vanillin-Zucker mischen, in 1 Minute einstreuen, dann noch etwa 2 Minuten schlagen. Mehl mit Speisestärke, Kakao und Backpulver mischen. Die Hälfte auf die Eiercreme sieben, kurz auf niedrigster Stufe unterrühren. Den Rest des Mehlgemisches auf dieselbe Weise unterarbeiten. Teig in eine Springform (Ø 28 cm, Boden gefettet, mit Backpapier belegt) füllen. Die Form auf dem Rost in den Backofen schieben und sofort backen.

Ober-/Unterhitze	180–200 °C (vorgeheizt)
Heißluft	–
Gas	Stufe 3–4 (vorgeheizt)
Backzeit	etwa 30 Minuten

Den Biskuitboden aus der Form lösen und erkalten lassen. Für die Füllung Butter geschmeidig rühren. Puderzucker mit Kakao mischen, sieben und nach und nach abwechselnd mit Ei und Rum-Aroma unterrühren. 16 Teelöffel von der Masse abnehmen und kalt stellen. Unter den Rest der Füllung Wasser und Vanillin-Zucker rühren. Den Tortenboden zweimal waagerecht durchschneiden und mit der Kakaomasse füllen.

Für den Guß Schokolade in kleine Stücke brechen, mit etwas Kokosfett in einem kleinen Topf im Wasserbad bei schwacher Hitze zu einer geschmeidigen Masse verrühren, die Torte gleichmäßig damit überziehen. Den Tortenrand und einen 2 cm breiten Rand auf der Tortenoberfläche mit Schokoladenstreuseln bestreuen. Aus der kalt gestellten Masse 16 kirschgroße Kugeln formen, in den restlichen Schokoladenstreuseln wälzen (in einem Kaffeesieb) und auf die Torte legen.

Tip Die gesamte Kakaomasse für die Füllung verwenden und die Torte mit den Trüffeln von Seite 137 garnieren.

Für den Biskuitteig

4	Eier
3–4 EL	heißes Wasser
175 g	Zucker
1 Pck.	Vanillin-Zucker
100 g	Weizenmehl
100 g	Speisestärke
30 g	Kakaopulver
3 gestr. TL	Backpulver

Für die Füllung

125 g	Butter
150 g	Puderzucker
100 g	Kakaopulver
1	Ei
1 Fläschchen	Rum-Aroma
2 EL	Wasser
1 Pck.	Vanillin-Zucker

Für den Guß

100 g	Schokolade
	etwas Kokosfett
75 g	Schokoladenstreusel

Mozarttorte

Für den Knetteig

150 g	Weizenmehl
40 g	Zucker
2 Pck.	Vanillin-Zucker
100 g	Butter oder Margarine

Für den Biskuitteig

4	Eier
2 EL	heißes Wasser
100 g	Zucker
1 Pck.	Vanillin-Zucker
75 g	Weizenmehl
30 g	Speisestärke
10 g	Kakaopulver
½ gestr. TL	Backpulver

Für die Füllung

50 g	Rosinen
3 EL	Rum
1 Pck.	Gelatine gemahlen, weiß
3 EL	kaltes Wasser
750 ml (¾ l)	Schlagsahne
75 g	Nuß-Nougatmasse
40 g	gesiebter Puderzucker
2–3 EL	Preiselbeeren (aus dem Glas)
	Schokostreusel

Für den Knetteig Mehl in eine Rührschüssel sieben. Zucker, Vanillin-Zucker und Butter oder Margarine hinzufügen. Alle Zutaten mit Handrührgerät mit Knethaken zunächst kurz auf niedrigster, dann auf höchster Stufe gut durcharbeiten und anschließend auf der Arbeitsfläche zu einem glatten Teig verkneten. Sollte er kleben, ihn eine Zeitlang kalt stellen. Teig auf dem Boden einer Springform (Ø 28 cm) ausrollen, mehrmals mit einer Gabel einstechen, den Springformrand darumlegen. Die Form auf dem Rost in den Backofen schieben.

Ober-/Unterhitze	200–220 °C (vorgeheizt)
Heißluft	180–200 °C (nicht vorgeheizt)
Gas	Stufe 4–5 (vorgeheizt)
Backzeit	etwa 15 Minuten

Den gebackenen Tortenboden sofort vom Springformboden lösen, aber erst nach dem Erkalten auf eine Tortenplatte legen. Für den Biskuitteig Eier und Wasser mit Handrührgerät mit Rührbesen auf höchster Stufe in 1 Minute schaumig schlagen. Zucker und Vanillin-Zucker in 1 Minute einstreuen, dann noch etwa 2 Minuten schlagen. Mehl mit Speisestärke, Kakao und Backpulver mischen, die Hälfte davon auf die Eiercreme sieben, kurz auf niedrigster Stufe unterrühren. Den Rest des Mehlgemisches auf dieselbe Weise unterarbeiten. Den Teig in eine Springform (Ø 28 cm, Boden gefettet, mit Backpapier belegt) füllen und glattstreichen. Die Form auf dem Rost in den Backofen schieben und sofort backen.

Ober-/Unterhitze	180–200 °C (vorgeheizt)
Heißluft	–
Gas	Stufe 3–4 (nicht vorgeheizt)
Backzeit	30–35 Minuten

Sofort nach dem Backen den Tortenboden aus der Form lösen, auf einen Kuchenrost stürzen und das Papier abziehen. Den erkalteten Tortenboden einmal waagerecht durchschneiden.

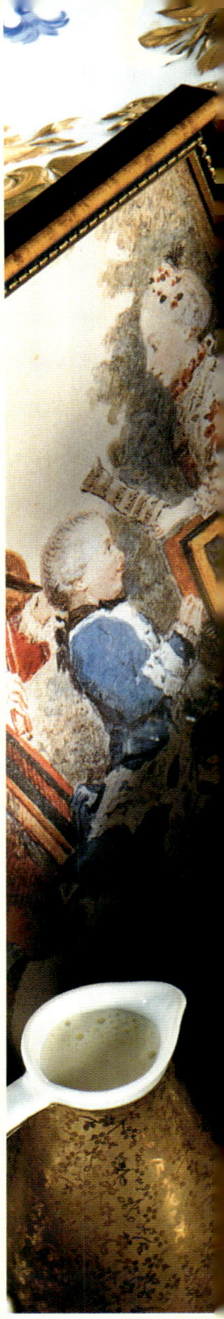

Für die Füllung Rosinen in Rum einige Stunden einweichen. Gelatine mit kaltem Wasser in einem kleinen Topf anrühren und 10 Minuten zum Quellen stehen lassen. Die Gelatine unter Rühren erwärmen, bis sie gelöst ist. Sahne fast steif schlagen, die Gelatine mit etwas von der Sahne verrühren, zu der übrigen Sahne geben. Sahne vollkommen steif schlagen. Sahne in 3 Portionen teilen. Nuß-Nougatmasse in einem kleinen Topf im heißen Wasserbad geschmeidig rühren, unter den einen Teil der Sahne rühren. Die eingeweichten Rosinen abtropfen lassen. Die Flüssigkeit mit der Hälfte des Puderzuckers verrühren und unter den zweiten Teil Sahne rühren. Rosinen und restlichen Puderzucker unter die restliche Sahne rühren. Knetteigboden mit Preiselbeeren bestreichen, mit dem unteren Biskuitteigboden bedecken, etwas andrücken, mit der Nougatsahne bestreichen, mit dem oberen Biskuitboden bedecken und mit der Rosinensahne bestreichen. Von der Rumsahne 2–3 Eßlöffel in einen Spritzbeutel mit Sterntülle füllen, mit der restlichen Rumsahne Tortenoberfläche und -rand bestreichen, den Tortenrand mit Schokostreuseln bestreuen. Die Tortenoberfläche mit der Sahne aus dem Spritzbeutel verzieren.

Für den Knetteig

125 g	Weizenmehl
10 g	Kakaopulver
1 Msp.	Backpulver
50 g	Zucker
1 Pck.	Vanillin-Zucker
1 EL	Kirschwasser
75 g	Margarine oder Butter

Für den Biskuitteig

4	Eier
100 g	Zucker
1 Pck.	Vanillin-Zucker
100 g	Weizenmehl
25 g	Speisestärke
10 g	Kakaopulver
gut 1 Msp.	gemahlener Zimt
½ gestr. TL	Backpulver

Für die Füllung

1 Glas	entsteinte Sauerkirschen (Abtropfgewicht 370 g)
30 g	Speisestärke
etwa 25 g	Zucker
etwa 3 EL	Kirschwasser
1 Pck.	gemahlene Gelatine, weiß
5 EL	kaltes Wasser
750 ml (¾ l)	Schlagsahne
40 g	gesiebter Puderzucker
1 Pck.	Vanillin-Zucker
	geschabte Schokolade
	Kirschen
	geschlagene Schlagsahne

Schwarzwälder Kirschtorte

Für den Knetteig Mehl mit Kakao und Backpulver mischen und in eine Rührschüssel sieben. Zucker, Vanillin-Zucker, Kirschwasser und Margarine oder Butter hinzufügen. Die Zutaten mit Handrührgerät mit Knethaken zunächst kurz auf niedrigster, dann auf höchster Stufe gut durcharbeiten, anschließend auf der Arbeitsfläche zu einem glatten Teig verkneten. Sollte er kleben, ihn eine Zeitlang kalt stellen. Den Teig auf dem Boden einer Springform (Ø 28 cm) ausrollen, mehrmals mit einer Gabel einstechen, den Springformrand darumlegen. Die Springform auf dem Rost in den Backofen schieben.

Ober-/Unterhitze	200–220 °C (vorgeheizt)
Heißluft	etwa 170 °C (nicht vorgeheizt)
Gas	Stufe 3–4 (vorgeheizt)
Backzeit	etwa 15 Minuten

Sofort nach dem Backen den Tortenboden vom Springformboden lösen, darauf erkalten lassen, dann auf eine Tortenplatte legen.

Für den Biskuitteig Eier mit Handrührgerät mit Rührbesen auf höchster Stufe in 1 Minute schaumig schlagen. Zucker mit Vanillin-Zucker mischen, in 1 Minute einstreuen, dann noch etwa 2 Minuten schlagen. Mehl mit Speisestärke, Kakao, Zimt und Backpulver mischen, die Hälfte davon auf die Eiercreme sieben und kurz auf niedrigster Stufe unterrühren. Den Rest des Mehlgemisches auf dieselbe Weise unterarbeiten. Den Teig in eine Springform (Ø 28 cm, Boden gefettet, mit Backpapier belegt) füllen und sofort backen.

Ober-/Unterhitze	170–200 °C (vorgeheizt)
Heißluft	–
Gas	Stufe 3–4 (vorgeheizt)
Backzeit	25–30 Minuten

Den Tortenboden aus der Form lösen, auf einen Kuchenrost stürzen, erkalten lassen und einmal waagerecht durchschneiden.

Für die Füllung Sauerkirschen abtropfen lassen, dabei den Saft auffangen und 250 ml (¼ l) davon abmessen (evtl. mit Wasser ergänzen). Speisestärke mit 4 Eßlöffeln von dem Saft anrühren, den übrigen Saft zum Kochen bringen, die angerührte Speisestärke unter Rühren in den von der Kochstelle genommenen Saft geben und kurz aufkochen lassen. Die Kirschen unterrühren und die Masse kalt stellen. Mit Zucker und Kirschwasser abschmecken. Gelatine mit dem Wasser in einem kleinen Topf anrühren, 10 Minuten zum Quellen stehen lassen. Die gequollene Gelatine unter Rühren erwärmen, bis sie gelöst ist und etwas abkühlen lassen. Sahne fast steif schlagen, die lauwarme Gelatinelösung unter Schlagen hinzufügen und die Sahne vollkommen steif schlagen. Puderzucker mit Vanillin-Zucker mischen und unterrühren. Zunächst die Kirschmasse, dann ein Drittel der Sahne auf den Knetteigboden streichen. Den unteren Biskuitboden darauf legen, gut andrücken, mit der Hälfte der restlichen Sahne bestreichen, mit dem oberen Boden bedecken. Tortenrand und -oberfläche gleichmäßig mit der restlichen Sahne bestreichen.
Die Torte mit Schokolade, Kirschen und Sahne garnieren.

Erdbeer-Sahne-Torte

Für den Biskuitteig

2	Eier
2–3 EL	heißes Wasser
2 geh. EL	Zucker
1 Prise	Salz
75 g	Weizenmehl
1 gestr. TL	Backpulver
2 geh. EL	abgezogene, gemahlene Mandeln

Für den Belag

1 Pck.	gemahlene Gelatine, weiß
5 EL	kaltes Wasser
300 g	Erdbeeren
75 g	Zucker
1 Pck.	Vanillin-Zucker
1 EL	Zitronensaft
375 ml (3/8 l)	Schlagsahne
700 g	Erdbeeren
	Zucker

Für den Guß

1 Pck.	Tortenguß, rot
1 gestr. EL	Zucker
250 ml (1/4 l)	Erdbeerflüssigkeit
250 ml (1/4 l)	Schlagsahne
1 Pck.	Sahnesteif
1 Pck.	Vanillin-Zucker

Für den Biskuitteig Eier und Wasser mit Handrührgerät mit Rührbesen auf höchster Stufe in 1 Minute schaumig schlagen, Zucker und Salz in 1 Minute einstreuen, dann noch etwa 2 Minuten schlagen. Mehl und Backpulver mischen, sieben, mit Mandeln mischen, auf die Eiercreme geben und kurz auf niedrigster Stufe unterrühren. Den Teig in eine Springform (Ø 26 cm, Boden gefettet, mit Backpapier belegt) füllen und glattstreichen. Die Form auf dem Rost in den Backofen schieben und sofort backen.

Ober-/Unterhitze	170–200 °C (vorgeheizt)
Heißluft	–
Gas	Stufe 3–4 (vorgeheizt)
Backzeit	etwa 25 Minuten

Den gebackenen Tortenboden sofort aus der Form lösen, auf einen Kuchenrost stürzen, das Backpapier abziehen und den Boden erkalten lassen.
Für den Belag Gelatine mit kaltem Wasser in einem kleinen Topf anrühren, 10 Minuten zum Quellen stehen lassen. Erdbeeren waschen, abtropfen lassen, entstielen und pürieren. Zucker, Vanillin-Zucker und Zitronensaft unterrühren. Gelatine unter Rühren erwärmen, bis sie gelöst ist und unter das Erdbeerpüree rühren. Wenn die Masse beginnt dicklich zu werden, Sahne steif schlagen und unterheben. Den erkalteten Tortenboden auf eine Tortenplatte legen, den mit Backpapier ausgelegten Springformrand oder einen Tortenring darum stellen, die Erdbeersahne auf den Tortenboden geben, glattstreichen und etwa 2 Stunden kalt stellen.
Erdbeeren waschen, abtropfen lassen, entstielen, halbieren, mit Zucker bestreuen, einige Zeit durchziehen lassen, auf ein Sieb geben und den Saft auffangen. Erdbeeren schuppenförmig auf der Erdbeersahne anrichten. Erdbeersaft mit Wasser auf 250 ml (1/4 l) Flüssigkeit auffüllen.
Für den Guß aus Tortenguß, Zucker und Erdbeerflüssigkeit nach Packungsaufschrift einen Tortenguß zubereiten. Erdbeeren mit dem Guß bestreichen und auskühlen lassen. Springformrand entfernen. Sahne mit Sahnesteif und Vanillin-Zucker steif schlagen, in einen Spritzbeutel mit gezackter Tülle füllen und den Tortenrand ringsherum mit senkrechten Linien bespritzen.

ahne

Schokoladen-Biskuitrolle

Für den Biskuitteig

4	Eier
4 EL	heißes Wasser
125 g	Zucker
1 Pck.	Vanillin-Zucker
100 g	Weizenmehl
50 g	Speisestärke
20 g	Kakaopulver
½ gestr. TL	Backpulver

Für die Füllung

1 Pck.	Pudding-Pulver Vanille-Geschmack
100 g	Zucker
500 ml (½ l)	Milch
200 g	Butter

Für den Biskuitteig Eier und Wasser mit Handrührgerät mit Rührbesen auf höchster Stufe in 1 Minute schaumig schlagen. Zucker mit Vanillin-Zucker mischen, in 1 Minute einstreuen, dann noch etwa 2 Minuten schlagen. Mehl mit Speisestärke, Kakao und Backpulver mischen, die Hälfte davon auf die Eiercreme sieben, kurz auf niedrigster Stufe unterrühren. Den Rest des Mehlgemisches auf dieselbe Weise unterarbeiten. Den Teig etwa 1 cm dick auf ein gefettetes, mit Backpapier belegtes Backblech streichen. An der offenen Seite des Backblechs das Papier unmittelbar vor dem Teig zu einer Falte knicken, so daß ein Rand entsteht. Das Backblech in den Backofen schieben und sofort backen.

Ober-/Unterhitze	200–220 °C (vorgeheizt)
Heißluft	–
Gas	Stufe 3–4 (vorgeheizt)
Backzeit	10–15 Minuten

Den Biskuit sofort nach dem Backen auf ein mit Zucker bestreutes Geschirrtuch stürzen, das Backpapier mit kaltem Wasser bestreichen und vorsichtig, aber schnell abziehen. Den Biskuit von der kürzeren Seite her mit dem Geschirrtuch aufrollen, kalt stellen.

Für die Füllung Pudding-Pulver mit Zucker und 6 Eßlöffeln von der Milch anrühren. Die restliche Milch erhitzen. Das angerührte Pudding-Pulver in die kochende, von der Kochstelle genommene Milch rühren und aufkochen lassen. Während des Erkaltens ab und zu durchrühren. Butter geschmeidig rühren, den Pudding eßlöffelweise darunter geben (darauf achten, daß weder Fett noch Pudding zu kalt sind, da dann die sogenannte Gerinnung eintritt). Die ausgekühlte Rolle vorsichtig auseinanderrollen, mit der Hälfte der Buttercreme gleichmäßig bestreichen und aufrollen, dabei die äußere braune Haut entfernen. Die Rolle mit der restlichen Creme bestreichen und nach Belieben verzieren.

Zitronen-Sahne-Rolle

(Foto)

Für den Biskuitteig

4	Eier
3–4 EL	heißes Wasser
125 g	Zucker
1 Pck.	Vanillin-Zucker
75 g	Weizenmehl
50 g	Speisestärke
1 Msp.	Backpulver

Für die Füllung

2 gestr. TL	gemahlene Gelatine, weiß
2 EL	kaltes Wasser
3 Stück	Würfelzucker
½	Zitrone (unbehandelt)
5 EL	Zitronensaft
500 ml (½ l)	Schlagsahne
100 g	Puderzucker

Für den Biskuitteig Eier und Wasser mit Handrührgerät mit Rührbesen auf höchster Stufe in 1 Minute schaumig schlagen. Zucker mit Vanillin-Zucker mischen, in 1 Minute einstreuen, dann noch etwa 2 Minuten schlagen. Mehl mit Speisestärke und Backpulver mischen, die Hälfte davon auf die Eiercreme sieben, kurz auf niedrigster Stufe unterrühren. Den Rest des Mehlgemisches auf dieselbe Weise unterarbeiten. Teig etwa 1 cm dick auf ein gefettetes, mit Backpapier belegtes Backblech streichen. An der offenen Seite des Blechs das Papier unmittelbar vor dem Teig zur Falte knicken, so daß ein Rand entsteht. Das Backblech in den Backofen schieben und sofort backen.

Ober-/Unterhitze	200–220 °C (vorgeheizt)
Heißluft	–
Gas	Stufe 3–4 (vorgeheizt)
Backzeit	10–15 Minuten

Den Biskuit sofort nach dem Backen auf ein mit Zucker bestreutes Geschirrtuch stürzen, das Backpapier mit kaltem Wasser bestreichen und vorsichtig, aber schnell abziehen. Den Biskuit von der kürzeren Seite her mit dem Geschirrtuch aufrollen, kalt stellen.

Für die Füllung Gelatine mit dem Wasser in einem kleinen Topf anrühren, 10 Minuten zum Quellen stehen lassen. Mit den Ecken des Würfelzuckers die Schale der Zitrone abreiben. Gequollene Gelatine mit dem Würfelzucker unter Rühren erwärmen, bis alles gelöst ist, Zitronensaft hinzufügen. Sahne fast steif schlagen. Die lauwarme Gelatinelösung unter Schlagen hinzufügen. Sahne vollkommen steif schlagen. Puderzucker sieben und unterrühren. Die ausgekühlte Biskuitrolle mit zwei Drittel der Zitronensahne bestreichen und aufrollen, dabei die äußere braune Haut entfernen. Die Rolle zunächst dünn mit etwas Zitronensahne, dann mit der restlichen Zitronensahne bestreichen. Rolle durch wellenförmige Längsstriche mit Hilfe einer Gabel verzieren.

Tip

Bei kleinen Eiern die größere Wassermenge, bei großen Eiern die kleinere nehmen.

Rhabarberkuchen mit Baiser

(Foto)

Für den Rührteig

250 g	Margarine oder Butter
250 g	Zucker
1 Pck.	Vanillin-Zucker
4	Eier
250 g	Weizenmehl
2 gestr. TL	Backpulver

Für den Belag

1½ kg	Rhabarber
3	Eiweiß
150 g	Zucker

Für den Rührteig Margarine oder Butter mit Handrührgerät mit Rührbesen auf höchster Stufe geschmeidig rühren. Nach und nach Zucker und Vanillin-Zucker unterrühren, so lange rühren, bis eine gebundene Masse entstanden ist. Eier nach und nach unterrühren (jedes Ei etwa ½ Minute). Mehl mit Backpulver mischen, sieben und portionsweise auf mittlerer Stufe unterrühren. Den Teig auf ein gefettetes, mit Mehl bestäubtes Backblech geben und glattstreichen.

Für den Belag Rhabarber putzen, waschen, in 4–5 cm lange Stücke schneiden (nicht abziehen) und gleichmäßig auf den Teig legen. Das Backblech in den Backofen schieben.

Ober-/Unterhitze	180–200 °C (vorgeheizt)
Heißluft	160–180 °C (nicht vorgeheizt)
Gas	Stufe 3–4 (nicht vorgeheizt)
Backzeit	etwa 35 Minuten

Eiweiß steif schlagen, nach und nach Zucker unterschlagen. Die Eiweißmasse in einen Spritzbeutel mit gezackter Tülle füllen und als Gitter auf den Rhabarber spritzen, nochmals in den Backofen schieben.

Ober-/Unterhitze	200–220 °C (vorgeheizt)
Heißluft	180–200 °C (nicht vorgeheizt)
Gas	Stufe 4–5 (vorgeheizt)
Backzeit	etwa 10 Minuten

Abwandlung

50 g abgezogene, gemahlene oder gehobelte Mandeln unter die Baisermasse rühren.

Apfelkuchen

Für den Hefeteig

375 g	Weizenmehl
1 Pck.	Trockenhefe
50 g	Zucker
1 Pck.	Vanillin-Zucker
1 Prise	Salz
1	Ei
200 ml	lauwarme Milch
50 g	zerlassene, abgekühlte Margarine oder Butter

Für den Belag

1½ kg	Äpfel
20 g	abgezogene, gestiftelte Mandeln
20 g	Rosinen
gut 3 EL	Aprikosenkonfitüre
1 EL	Wasser

Für den Hefeteig Mehl in eine Rührschüssel sieben, mit Hefe sorgfältig vermischen. Zucker, Vanillin-Zucker, Salz, Ei, Milch und Margarine oder Butter hinzufügen. Die Zutaten mit Handrührgerät mit Knethaken zunächst auf niedrigster, dann auf höchster Stufe in etwa 5 Minuten zu einem Teig verarbeiten. Den Teig zugedeckt so lange an einem warmen Ort stehen lassen, bis er sich sichtbar vergrößert hat. Ihn leicht mit Mehl bestäuben, aus der Schüssel nehmen, auf der Arbeitsfläche nochmals kurz durchkneten und auf einem gefetteten Backblech ausrollen. Vor den Teig einen mehrfach umgeknickten Streifen Alufolie legen.
Für den Belag Äpfel schälen, vierteln, entkernen, in dicke Scheiben schneiden, gleichmäßig auf den Teig legen und mit Mandeln und Rosinen bestreuen. Den Teig nochmals so lange an einem warmen Ort stehen lassen, bis er sich sichtbar vergrößert hat. Das Backblech in den Backofen schieben.

Ober-/Unterhitze	200–220 °C (vorgeheizt)
Heißluft	etwa 180 °C (nicht vorgeheizt)
Gas	Stufe 3–4 (vorgeheizt)
Backzeit	20–30 Minuten

Aprikosenkonfitüre mit Wasser unter Rühren aufkochen lassen. Den Apfelkuchen sofort nach dem Backen damit bestreichen.

Abwandlung Pflaumenkuchen

Für Pflaumenkuchen anstelle der Äpfel 2½ kg Pflaumen waschen, gut abtropfen lassen, einzeln mit einem Tuch abreiben, entsteinen und schuppenförmig – mit der Innenseite nach oben – auf den Teig legen. Den etwas abgekühlten Kuchen mit Zucker bestreuen.

Brombeer-Streuselkuchen

(Foto)

Für den Hefeteig

375 g	Weizenmehl
1 Pck.	Trockenhefe
60 g	Zucker
1 Prise	Salz
1 TL	gemahlener Zimt
200 ml	lauwarme Milch
50 g	zerlassener, abgekühlter Butterschmalz
1	Ei

Für die Streusel

300 g	Weizenmehl
150 g	Zucker
1 Pck.	Bourbon-Vanillezucker
1 TL	gemahlener Zimt
200 g	weiches Butterschmalz
750 g	Brombeeren

Für den Hefeteig Mehl in eine Rührschüssel sieben und mit der Hefe sorgfältig vermischen. Zucker, Salz, Zimt, Milch, Butterschmalz und Ei hinzufügen. Die Zutaten mit Handrührgerät mit Knethaken zunächst auf niedrigster, dann auf höchster Stufe in etwa 5 Minuten zu einem Teig verarbeiten. Den Teig zugedeckt an einem warmen Ort so lange stehen lassen, bis er sich sichtbar vergrößert hat.
Für die Streusel Mehl in eine Rührschüssel sieben, mit Zucker, Bourbon-Vanillezucker und Zimt mischen, Butterschmalz hinzufügen. Alle Zutaten mit Handrührgerät mit Knethaken zu Streuseln von gewünschter Größe verarbeiten.
Den Teig leicht mit Mehl bestäuben, aus der Schüssel nehmen, auf der bemehlten Arbeitsfläche nochmals gut durchkneten und auf einem gefetteten Backblech ausrollen. Brombeeren putzen, waschen, gut abtropfen lassen und auf dem Teig verteilen. Die Streusel darüber streuen. Den Teig nochmals an einem warmen Ort so lange stehen lassen, bis er sich sichtbar vergrößert hat. Das Backblech in den Backofen schieben.

Ober-/Unterhitze	etwa 200 °C (vorgeheizt)
Heißluft	etwa 180 °C (nicht vorgeheizt)
Gas	Stufe 3–4 (nicht vorgeheizt)
Backzeit	etwa 35 Minuten

Tip Besonders köstlich schmeckt der Kuchen, wenn er noch lauwarm mit geschlagener Sahne serviert wird.

Butterkuchen

Für den Hefeteig

375 g	Weizenmehl
1 Pck.	Trockenhefe
50 g	Zucker
1 Pck.	Vanillin-Zucker
1 Prise	Salz
1	Ei
200 ml	lauwarme Milch
50 g	zerlassene, abgekühlte Butter

Für den Belag

100 g	Butter
75 g	Zucker
1 Pck.	Vanillin-Zucker
100 g	abgezogene, gehobelte Mandeln

Für den Hefeteig Mehl in eine Rührschüssel sieben, mit Hefe sorgfältig vermischen. Zucker, Vanillin-Zucker, Salz, Ei, Milch und Butter hinzufügen. Die Zutaten mit Handrührgerät mit Knethaken zunächst auf niedrigster, dann auf höchster Stufe in etwa 5 Minuten zu einem Teig verarbeiten. Den Teig zugedeckt so lange an einem warmen Ort stehen lassen, bis er sich sichtbar vergrößert hat. Ihn leicht mit Mehl bestäuben, aus der Schüssel nehmen, auf der Arbeitsfläche nochmals kurz durchkneten und auf einem gefetteten Backblech ausrollen. Vor den Teig einen mehrfach umgeknickten Streifen Alufolie legen.

Für den Belag Butter in Flöckchen gleichmäßig auf den Teig setzen (vorher Vertiefungen in den Teig drücken) oder zerlassen und darauf streichen. Zucker mit Vanillin-Zucker mischen, darüber streuen, Mandeln gleichmäßig darüber verteilen. Den Teig nochmals so lange an einen warmen Ort stehen lassen, bis er sich sichtbar vergrößert hat. Das Backblech in den Backofen schieben.

Ober-/Unterhitze	200–220 °C (vorgeheizt)
Heißluft	180–200 °C (nicht vorgeheizt)
Gas	Stufe 3–4 (vorgeheizt)
Backzeit	etwa 15 Minuten

Tip 250 ml (¼ l) Schlagsahne steif schlagen und sofort nach dem Backen gleichmäßig auf den Butterkuchen streichen.

Mandelstollen

Zutaten

1 Würfel (42 g)	Frischhefe
100 g	Zucker
etwa 200 ml	lauwarme Milch
500 g	Weizenmehl
½ TL	Salz
6 Tropfen	Bittermandel-Aroma
2 Msp.	gemahlene Muskatblüte
2 Msp.	gemahlener Kardamom
125 g	zerlassenes, lauwarmes Butterschmalz
50 g	zerlassene, lauwarme Butter
50 g	Zitronat
50 g	Orangeat
250 g	abgezogene, gemahlene Mandeln
100 g	Butterschmalz oder Butter
100 g	gesiebter Puderzucker

Hefe mit etwas von dem Zucker und etwas von der Milch anrühren und etwa 15 Minuten stehen lassen. Mehl in eine Schüssel sieben, restlichen Zucker, Salz, Bittermandel-Aroma, Gewürze, angesetzte Hefe, restliche Milch, Butterschmalz und Butter hinzufügen. Mit Handrührgerät mit Knethaken auf niedrigster Stufe kurz verrühren, dann auf höchster Stufe in etwa 5 Minuten zu einem glatten Teig verarbeiten. Den Teig zugedeckt an einem warmen Ort stehen lassen, bis er sich sichtbar vergrößert hat.
Den Teig auf eine leicht mit Mehl bestäubte Arbeitsfläche geben. Zitronat, Orangeat und Mandeln unterkneten. Den Teig zu einem Stollen formen, dazu den Teig aufrollen und mit der Teigrolle der Länge nach eine Vertiefung eindrücken. Die linke Seite auf die rechte Seite schlagen, den mittleren Teil mit den Handkanten formen. Den Stollen auf ein mit Backpapier belegtes Backblech legen, nochmals an einem warmen Ort so lange stehen lassen, bis er sich sichtbar vergrößert hat. Das Backblech in den Backofen schieben.

Ober-/Unterhitze	Vorheizen etwa 250 °C, Backen 150–170 °C
Heißluft	Vorheizen etwa 220 °C, Backen etwa 150 °C
Gas	Stufe 2–3 (vorgeheizt)
Backzeit	etwa 65 Minuten

Den Stollen evtl. mit Backpapier abdecken. Den ausgekühlten Stollen mit zerlassenem Butterschmalz oder Butter bestreichen und mit Puderzucker bestäuben.

Dresdner Christstollen

Zutaten (für 2 Stollen)

400 g	Rosinen
5 EL	Rum oder Weinbrand
1½ Würfel (etwa 60 g)	Frischhefe
100 g	Zucker
300 ml	lauwarme Milch
600 g	Weizenmehl
2 Pck.	Vanillin-Zucker
1 TL	Salz
6 Tropfen	Bittermandel-Aroma
1 TL	Zitronen-Aroma
je 1 Msp.	Kardamom, gemahlene Nelken, Macisblüte und geriebene Muskatnuß
250 g	zerlassene, lauwarme Butter
50 g	Marzipan-Rohmasse
75 g	Zitronat
75 g	Orangeat
150 g	abgezogene, gemahlene Mandeln
100 g	Butterschmalz
75 g	gesiebter Puderzucker

Rosinen in Rum oder Weinbrand einweichen. Hefe mit etwas von dem Zucker und etwas von der Milch anrühren und etwa 15 Minuten stehen lassen. Mehl in eine Schüssel sieben, restlichen Zucker, Vanillin-Zucker, Salz, Aromen, Gewürze, angesetzte Hefe, restliche Milch und Butter hinzufügen. Marzipan-Rohmasse in kleine Stücke schneiden und hinzufügen. Mit Handrührgerät mit Knethaken auf niedrigster Stufe kurz verrühren, dann auf höchster Stufe in etwa 5 Minuten zu einem glatten Teig verarbeiten. Den Teig zugedeckt einem warmen Ort stehen lassen, bis er sich sichtbar vergrößert hat.
Den Teig auf eine leicht mit Mehl bestäubte Arbeitsfläche geben. Eingeweichte Rosinen, Zitronat, Orangeat und Mandeln unterkneten. Den Teig in 2 Stücke teilen und zu 2 Stollen formen, dazu jeweils den Teig aufrollen und mit der Teigrolle der Länge nach eine Vertiefung eindrücken. Die linke Seite auf die rechte Seite schlagen, den mittleren Teil mit den Handkanten formen. Die Stollen auf ein mit Backpapier belegtes Backblech legen, nochmals an einem warmen Ort so lange stehen lassen, bis sie sich sichtbar vergrößert haben. Das Backblech in den Backofen schieben.

Ober-/Unterhitze	Vorheizen etwa 250 °C, Backen 160–180 °C
Heißluft	Vorheizen etwa 200 °C, Backen etwa 150 °C
Gas	Stufe 2–3 (vorgeheizt)
Backzeit	50–60 Minuten

Die Stollen sofort nach dem Backen mit zerlassenem Butterschmalz bestreichen und mit Puderzucker bestreuen.

Frühling

Tomatensuppe

★

Zander in Wein-Sahne-Sauce
Salzkartoffeln
Gemischter Blattsalat

★

Pfirsiche mit Baiserhaube

★

Trockener Weißwein

Ostern

Feine Kräutersuppe

★

Lammkeule
Grüne Bohnen
Petersilienkartoffeln

★

Zitronencreme

★

Kräftiger Rotwein

Pfingsten

Rindfleischbrühe mit Eierstich

★

Mandelmedaillons
Petersilienkartoffeln
Spargel mit Sauce Hollandaise
Kopfsalat

★

Erdbeergrütze

★

Leichter Weißwein

Sommer

Gebeizte Lachsforelle

★

Böhmischer Filetbraten
Serviettenknödel
Gedünstete Pfifferlinge

★

Heidelbeergrütze

★

Roséwein oder leichter Rotwein

Herbst

Zwiebelsuppe

★

Fasan auf Weinsauerkraut
Kartoffelkroketten

★

Preiselbeerspeise mit Portwein

★

Trockener Rotwein

Weihnachten

Menü 1

Rindfleischbrühe mit Flädle

★

Krebse in Dillsauce

★

Hirschragout mit Pilzen
Spätzle
Rosenkohl
Feldsalat mit Speck und Croûtons

★

Krokant-Pudding-Ring mit Aprikosensauce

★

Kräftiger Rotwein

Menü-Vorschläge

Menü 2

Mockturtlesuppe

★

Gebratene Ente
Kartoffelklöße halb und halb
Rotkohl

★

Zimt-Grieß-Pudding

★

Trockener Rotwein

Menü 3

Feldsalat mit Speck und Croûtons

★

Kürbissuppe

★

Böhmischer Karpfen mit warmem Kartoffelsalat

★

Weinbrandbirnen im Schokoladenmantel

★

Pils

Runder Geburtstag

Schnelle Lauchsuppe

★

Ragout fin in Muscheln

★

Rinderfilet Wellington
Filetbohnen im Speckmantel
Herzoginkartoffeln

★

Schokoladenbiskuitrolle

★

Kräftiger Rotwein

Kommunion/Konfirmation

Hühnersuppe Königin

★

Schweinerollbraten
Böhmischer Filetbraten
Blumenkohl mit Sauce Hollandaise
Leipziger Allerlei
Kartoffelkroketten

★

Götterspeise
Pfirsichkranz

★

Roséwein oder leichter Rotwein

★

Trüffeltorte
Zitronen-Sahne-Rolle
Erdbeer-Sahne-Torte
Rhabarber-Baiser-Torte
Apfelkuchen

Hochzeit

Gebeizte Lachsforelle

★

Rindfleischbrühe mit Einlagen

★

Badischer Rehrücken
Herzoginkartoffeln
Gemischte Gemüseplatte

★

Weincreme

★

Vorspeise: leichter Weißwein
Hauptgericht: kräftiger Rotwein

Suppen, Saucen

Salate, Gemüse, Kartoffeln

Fisch, Meeresfrüchte

Fleisch, Wild, Geflügel

Kapitel-Register

Süßspeisen

Torten, Gebäck

Menü-Vorschläge

Alphabetisches Register

Impressum

Umwelthinweis	Dieses Buch wurde auf chlorfrei gebleichtem Papier gedruckt. Die Einschrumpffolie – zum Schutz vor Verschmutzung – ist aus umweltfreundlicher und recyclingfähiger PE-Folie.
	Die Rezepte sind – wenn nicht anders angegeben – für 4 Personen berechnet.
	Bitte beachten Sie bei Gasherden die Gebrauchsanweisung des Herstellers.
	Wenn Sie Anregungen, Vorschläge oder Fragen zu unseren Büchern haben, rufen Sie uns unter folgender Nummer an (0521) 520642 oder schreiben Sie uns:
	Ceres Verlag, Rudolf August Oetker KG, Redaktion, Am Bach 11, 33602 Bielefeld
Wir danken für die freundliche Unterstützung	Gabriele Fiedler PR, Hamburg
Copyright	© 1997 by Ceres Verlag Rudolf August Oetker KG, Bielefeld
Redaktion	Eva-Maria Dammeier
Rezeptentwicklung und -beratung	Mechthild Plogmaker, Bielefeld
Titelfoto	Thomas Diercks, Hamburg
Innenfotos	Thomas Diercks, Hamburg CMA, Bonn Fotostudio Büttner, Bielefeld Herbert Maass, Hamburg Christiane Pries, Borgholzhausen Brigitte Wegner, Bielefeld Arnold Zabert, Hamburg
Gestaltung	Parzhuber & Partner, München
Reproduktionen	MOHN Media Mohndruck GmbH, Gütersloh
Herstellung	MOHN Media Mohndruck GmbH, Gütersloh

ISBN 3-7670-0377-5